Conjugaison anglaise

POCKET

Dans la même collection

ANGLAIS

- Conjugaison anglaise
- Vocabulaire anglais

FRANÇAIS

- Grammaire française

ISBN : 2-266-16442-2

Conjugaison anglaise

par

Gérard Hardin
Agrégé d'anglais

Michel Marcheteau
Agrégé d'anglais

Jean-Pierre Berman
Ancien Assistant à l'Université de Paris IV Sorbonne

Michel Savio
Professeur honoraire à l'École Supérieure d'Électricité

Contents • *Table des Matières*

Contents • *Table des Matières*

PRÉSENTATION

- La grammaire de l'anglais est, par rapport à d'autres langues, relativement simple.

- Il est cependant un domaine dont la maîtrise est indispensable pour cette langue, c'est le **système verbal**, et cela pour deux raisons :

  1) la présence de nombreux verbes dits **irréguliers** – c'est-à-dire dont les formes ne fonctionnent pas selon une règle générale prévisible – et qui sont les verbes les plus utilisés dans la langue de tous les jours.
  Les équivalents anglais des verbes *aller, venir, acheter, vendre, prendre, conduire, penser, manger, boire,* etc., sont des verbes **irréguliers**.

  2) le verbe est en anglais, encore plus qu'en français, le pivot de la phrase et en conditionne toute la structure.

- Le présent ouvrage vous permet de maîtriser ces deux aspects essentiels, et donc d'être bien armé(e) pour aborder ou continuer l'étude de l'anglais.

■ PRONONCIATION :
Quelques mots (lorsque cela en précise le sens) sont accompagnés de la transcription phonétique de l'*Alphabet phonétique international* (API). À l'intention de celles ou ceux qui ne le connaissent pas, elle est suivie d'une figuration simplifiée qui donne une approximation de la prononciation et de l'accentuation (en anglais dans les mots de plus d'une syllabe, l'une d'entre elles est prononcée plus fortement ; cet « accent tonique » est indiqué ici en **gras**) (ex. **arrested** [ə'restɪd/*erèstid*].

➡ Un tableau détaillé est proposé en fin d'ouvrage donnant les équivalents du système employé ici et celui de l'*Alphabet phonétique international* (API), plus technique, et utilisé dans les dictionnaires. ➡ p. 90.

01 DÉFINITIONS

1. ***On distingue quatre catégories de verbes :***

• les verbes comme **be, seem, look,** etc. qui relient le sujet et un adjectif (attribut) ou un nom, ou un complément de lieu (cf. p. 19-20). Ce sont des verbes charnières qu'on appelle parfois "verbes copules" du fait de leur fonction de lien.

She is young. **She is an actress.**
Elle est jeune. *C'est une actrice.*
She is at home.
Elle est chez elle.

• les verbes auxiliaires tels que **be, have, will, would** qui permettent de construire les formes composées des autres verbes, et sont toujours associés à un autre verbe.

He is working. **He will take a rest.**
Il travaille. *Il va se reposer.*

Les auxiliaires comme **will, would** peuvent exprimer une modalité (voir ci-dessous) :

He wouldn't do it. *Il n'a pas voulu le faire.*

• les auxiliaires modaux, ainsi appelés parce qu'ils expriment une modalité (possibilité, probabilité, certitude, obligation, etc.), ne peuvent exister à certaines formes. C'est pourquoi on les présente parfois comme "verbes défectifs".

He may come. *Il se peut qu'il vienne.*
They must do it. *Ils doivent le faire.*

• les verbes à sens plein, c'est-à-dire tous les verbes qui expriment une action, un état, un comportement, un événement.

We live here. *Nous habitons ici.*
I work ten hours a day.
Je travaille dix heures par jour.
I think he did not tell the truth.
Je pense qu'il n'a pas dit la vérité.

➡ Les caractéristiques d'un verbe sont les suivantes : le temps, la personne, le mode (indicatif, impératif, subjonctif, etc.), la voix (active ou passive).

2. Lorsqu'on donne l'infinitif d'un verbe anglais, on le fait en général précéder par la particule **to.**

To be, *être ;* **to have,** *avoir ;* **to go,** *aller,* etc.

Dans les grammaires et les dictionnaires, lorsqu'on donne les formes d'un verbe, ce sont l'infinitif, le prétérit (temps du passé) et le participe passé.

To be *être*	**I was,** *je fus,* *j'étais* *j'ai été*	**been** *été*
to go *aller* *j'allais*	**I went,** *j'allai, j'allais* *je suis allé*	**gone** *allé(e)(s)*

3. Les verbes sont dit *réguliers* lorsqu'ils forment leur prétérit (temps du passé) et leur participe passé avec **-ed** ou **-d.**

Ex. : **to select, selected, selected,** *choisir, sélectionner.*

Les verbes terminés par **-e** prennent seulement le **-d.**

Ex. : **to save, saved, saved,** *sauver.*

4. Les verbes sont dits *irréguliers* lorsqu'ils forment leur prétérit et leur participe passé par transformation interne et non par adjonction de **-ed.** Ex. : **to see, I saw, seen,** *voir, j'ai vu/je vis, vu.*

Les verbes *irréguliers* sont le plus souvent des verbes très utilisés. Il faut donc en connaître les formes du prétérit et du participe passé : voir pages 35 à 38, liste des verbes irréguliers.

5. À toutes les personnes du présent de l'indicatif, les verbes anglais, réguliers ou irréguliers, ont la même forme qu'à l'infinitif, sauf la 3e personne du singulier, qui prend un **s.**

to take	*prendre*	**we take**	*nous prenons*
I take	*je prends*	**you take**	*vous prenez*
you take	*tu prends*	**they take**	*ils, elles prennent*
he, she, it takes	*il, elle, cela prend*		

➡ ***Remarque :*** il existe en anglais trois formes pour le pronom sujet 3e personne singulier selon qu'il est masculin (**he**), féminin (**she**) ou neutre (**it**).

6. Comme vous l'avez vu en p. 8, n° 5, la même forme (ici **you take**) correspond au *tu* et au *vous* français.
En fait, la distinction entre tutoiement et vouvoiement n'existe pas en anglais. **You take** correspondra aussi bien à une personne que l'on tutoie qu'à une personne qu'on vouvoie ou à plusieurs personnes.

7. À l'exception des auxiliaires **to be,** *être,* **to have,** *avoir* (➡ p. 14 et p. 21) et des modaux (voir p. 67-75), les verbes anglais se mettent à la forme négative du présent en plaçant **do not** (à la 3ᵉ personne du singulier, **does not**) entre le sujet et le verbe.

I do not take, *je ne prends pas*
he does not take, *il ne prend pas*

Remarque : **do not** est souvent contracté en **don't**
does not est souvent contracté en **doesn't**

8. La forme interrogative se construit (sauf dans les cas des auxiliaires et des modaux), en plaçant **do, does,** devant le sujet.

Do you take... ? *Prenez-vous... ?*
Does she take... ? *Prend-elle... ?*

9. La forme interro-négative se construit au présent en plaçant **don't** (contraction de **do not**) ou **doesn't** à la 3ᵉ personne du singulier (contraction de **does not**) devant le sujet.

Don't they work ? *Ne travaillent-ils pas ?*
Doesn't she work ? *Ne travaille-t-elle pas ?*

10. Au prétérit, à la forme négative, interrogative et interro-négative, **do** est remplacé par **did** à toutes les personnes.

Did he go... ? **She did not select...**
Est-il allé... ? *Elle n'a pas choisi...*

Did not est souvent contracté en **didn't.**

Didn't he phone ? *N'a-t-il pas téléphoné ?*

• ***Remarque :*** notez la place du sujet dans l'interro-négation non contractée :

Did he not phone ? *N'a-t-il pas téléphoné ?*

➡ Notez que si le sujet est un nom, il est placé après **not :**

Did not a man phone ? (ou **Didn't a man phone ?**)
Est-ce qu'un homme n'a pas téléphoné ?

11. La forme d'un verbe précédé de **do, does, did, do not, don't, didn't** etc., est toujours l'infinitif sans **to.**

12. Dans les contractions (**isn't, hasn't, don't, didn't,** etc.), le **o** de **not** est remplacé par une apostrophe, et la négation est accolée au verbe.

13. Le futur se forme avec **will** placé entre le sujet et le verbe à l'infinitif sans **to :**

you will go, *vous irez*

14. Pour la 1re personne singulier et pluriel, on emploie aussi **shall :**

I shall go, *j'irai* **We shall go,** *nous irons*

15. Dans la langue parlée, **will** et **shall** sont souvent abrégés en **'ll :**

I'll go, *j'irai* **You'll go,** *vous irez*

16. Forme interrogative :

shall I go ?	*irai-je ?*
will you go ?	*iras-tu ?*
will he/she/it go ?	*ira-t-il : elle ?*
shall we go ?	*irons-nous ?*
will you go ?	*irez-vous ?*
will they go ?	*iront-ils/elles ?*

17. Le futur négatif : **will not,** contracté en **won't, shall not,** contracté en **shan't.**

I shall not go, **I shan't go,**	*je n'irai pas*
They will not go, **They won't go,**	*ils/elles n'iront pas*

18. Futur interro-négatif :

Won't you go ? *N'irez-vous pas ?*

19. Le conditionnel se forme avec **would :**

I would go, *j'irais* **They would go,** *ils iraient*

20. Le passé composé (**present perfect**) se forme avec le présent de l'auxiliaire **to have** + participe passé :

We have selected, *nous avons sélectionné*
I have gone, *je suis allé(e)*

21. Le plus-que-parfait, **pluperfect** se forme avec le passé de **have** + participe passé :

I had gone, *j'étais allé(e)*
We had selected, *nous avions sélectionné*

22. La voix passive se forme avec **be** au temps voulu (comme en français avec l'auxiliaire *être*) + participe passé :

He was taken, *il fut pris*

23. Il existe en anglais une forme dite en **-ing** obtenue en ajoutant **-ing** à l'infinitif sans **to : to go → going.**
Cette forme en **-ing** peut être :
- un participe présent
  Yes, she answered, smiling at me.
  Oui, répondit-elle, en me souriant.
- un adjectif verbal
  This is a surprising story. *C'est une histoire surprenante.*
- un nom verbal
  Driving was difficult. *La conduite était difficile.*
  (Il était difficile de conduire).

Associée à **be,** la forme en **-ing** donne la forme progressive ou continue (utilisable à tous les temps), voir p. 51.

24. ***Contractions*** **de** **to be**, *être*, au présent

je suis, etc.		*je ne suis pas, etc.*	
I am	**I'm**	**I am not**	**I'm not**
you are	**you're**	**you are not**	**you're not** ou **you aren't** [ɑːnt]
he is	**he's**	**he is not**	**he's not** ou **he isn't** [ɪz(ə)nt/***izent***]
she is	**she's**	**she is not**	**she's not** ou **she isn't**
it is	**it's**	**it is not**	**it's not** ou **it isn't**
we are	**we're**	**we are not**	**we're not** ou **we aren't** [ɑːnt]
you are	**you're**	**you are not**	**you're not** ou **you aren't**
they are	**they're**	**they are not**	**they're not** ou **they aren't** [ɑːnt]

Remarque : la contraction **ain't** [eɪnt/*éint*] est employée dans la langue familière pour **am not, are not** et **is not.**

25. To have, avoir et ses contractions

forme affirmative		*forme contractée*
I have	*j'ai* etc.	I've
you have		you've
he has		he's
she has		she's
it has		it's
we have		we've
you have		you've
they have		they've
forme négative		
I have not	*j'eux, je n'ai pas,*	I haven't
you have not	etc.	you haven't
he has not		he hasn't
she has not		she hasn't
it has not		it hasn't
we have not		we haven't
you have not		you haven't
they have not		they haven't

Remarque : **it's** peut être la contraction de **it is** ou de **it has ; he's** de **he is** ou **he has ; she's** de **she is** ou **she has.**
De même pour **it's not, he's not, she's not.**

I had,	*j'eus, j'avais* etc.	I'd
you had		you'd
he had		he'd
she had		she'd
it had		it'd [itəd]
we had		we'd
you had		you'd
they had		they'd

26. To do, faire, et ses contractions

I do not	I don't [dəʊnt] [de-ount]
you do not	you don't
he, she, it does not	he, she, it doesn't
we do not	we don't
you do not	you don't
they do not	they don't

I did not you did not he, she, it did not we did not you did not they did not	I didn't you didn't he, she, it didn't we didn't you didn't they didn't

27. Shall *et* will (auxiliaires du futur), et contractions

I shall } I will }	I'll
you will	you'll
he, she, it will	he, she, it'll
we shall } we will }	we'll
you will	you'll
they will	they'll
I shall not I will not you will not he, she, it will we shall we will you will they will	I shan't I won't you won't he, she, it won't we shan't you won't you won't they won't

28. Would (auxiliaire du conditionnel) et contractions

I would you would he, she, it would we would you would they would	I'd you'd he, she, it'd we'd you'd they'd

➡ Notez que ces contractions peuvent aussi être celles de **I had, you had,** etc.

I would not you would not they would not	I wouldn't you wouldn't they wouldn't

02 VERBES CHARNIÈRES • 1. To be *(être)*

■ *Conjugaison*

INFINITIF ***Présent*** **to be** *être* ***Passé*** **to have been** *avoir été*	PARTICIPE ***Présent*** **being** *étant* ***Passé*** **been** *été*
INDICATIF ***Présent*** *je suis* **I am** **he (she, it) is** **we (you, they) are**	Nég. : **I am not** Interr. : **am I ?**
Prétérit *j'étais, je fus* **I (he, she, it) was** **we (you, they) were**	Nég. : **I was not** Interr. : **was I ?**
Present Perfect *j'ai été* **I (you, we, they) have been** **he (she, it) has been**	Nég. : **I have not been** Interr. : **have I been ?**
Pluperfect *j'avais été* **I (he, she, it) } had been** **we (you, they) }**	Nég. : **I had not been** Interr. : **had I been ?**
Futur *je serai* **I (we) shall* be** **you (they, he, she, it) will be**	Nég. : **I shall* not be** Interr. : **shall* I be ?**
Futur antérieur *j'aurai été* **I (we) shall* have been** **You (they, he, she, it) will have been**	Nég. : **I shall* not have been** Interr. : **shall* I have been ?**
CONDITIONNEL ***Présent*** *je serais* **I (we) should** be** **you (they, he, she, it) would be**	Nég. : **I should** not be** Interr. : **should** I be ?**
Passé *j'aurais été* **I (we) should** have been** **you (they, he, she, it) would have been**	Nég. : **I should** not have been** Interr. : **should** I have been ?**
IMPÉRATIF *sois* **be** — **dont'be** **let me (us, him, her, it, them) be** — **don't let me (...) be**	SUBJONCTIF **I (we, you, they, he, she, it) be, were**
* ou **will** ** ou **would**	

02 VERBES CHARNIÈRES • 1. To be *(être)*

■ *Les emplois de* to be

1. To be + adjectif se construit comme en français :

I am happy.	*Je suis heureux.*
She is ready.	*Elle est prête.*
Are you glad ?	*Êtes-vous (es-tu) content (e)(es) ?*
He was surprised.	*Il a été surpris.*
Notez aussi : **to be early.**	*être en avance.*
to be late.	*être en retard.*

• La forme négative se forme en ajoutant **not** entre le verbe et l'attribut.

I am not happy.	*Je ne suis pas heureux.*
He is not happy.	*Il n'est pas heureux.*

(contracté en **he isn't happy**).

➡ ***Attention :***

En anglais, on emploie **to be** + adjectif dans certaines expressions alors qu'en français on a *avoir* + nom :

I am hungry. *J'ai faim* (= je suis affamé).

I am thirsty. *J'ai soif* (= je suis assoiffé).

I am afraid. *J'ai peur* (= je suis effrayé).

You are lucky. *Vous avez de la chance* (= vous êtes chanceux).

➡ ***Attention :***

On emploie en anglais **to be** avec le sujet neutre et dans des expressions comme :

It is dark. *Il fait sombre.* **It is hot.** *Il fait chaud.*

It is cold. *Il fait froid.*

➡ ***Attention aussi à :***

I am twenty. *J'ai vingt ans.* (mot à mot « je suis vingt »)

How old are you ?

Quel âge avez-vous ? (mot à mot « combien vieux êtes-vous ? »)

2. To be + adverbe ou complément de lieu

She is in the kitchen.	*Elle est à la cuisine.*
Is Mr Smith at home ?	*M. Smith est-il chez lui ?*
He was here ten minutes ago.	*Il était ici il y a dix minutes.*

3. To be + nom

Pussy is a cat.	*Pussy est un chat.*
He is a lawyer.	*Il est avocat.*
They are teachers.	*Ils sont enseignants.*
She is a nurse.	*Elle est infirmière.*

On remarque l'accord du pronom sujet avec l'attribut, de même que l'accord du verbe.
Cette construction s'emploie pour exprimer en particulier la fonction, la profession.

4. It is, it was, etc. + nom singulier ou pluriel

Cette construction s'emploie pour mettre en relief le sujet dont on parle (comme on le fait en français en disant *c'est lui qui ; ce sont elles qui,* etc.) Notez qu'à la différence du français le verbe est toujours au singulier.

It is the Americans who first landed on the moon.
Ce sont les Américains qui ont atterri les premiers sur la Lune.

• Attention ! Comparez :

He is the doctor who arrived late.
C'est le médecin qui est arrivé en retard
(c'est cet médecin-là et pas un autre).
It is the doctor who arrived late.
C'est le docteur qui est arrivé en retard (ce n'est pas le plombier, etc.).

• Notez également la question **Who is it ?** *Qui est-ce ?* Quand on frappe à la porte, par exemple (on ne sait pas s'il s'agit d'un homme ou d'une femme).

• Ou encore : **It's John speaking,** *c'est John à l'appareil,* pour se présenter au téléphone.

5. There is, there are, etc.

Cette construction inversée (le sujet est après le verbe avec lequel il s'accorde) permet d'exprimer l'existence ou la présence :

There is a dog in the garden.
Il y a un chien dans le jardin.
There are people who do not like tea.
Il y a des gens qui n'aiment pas le thé.

• Cette construction se rencontre à l'infinitif :

It is too late for there to be a bus.
Il est trop tard pour qu'il y ait un bus.
(➡ proposition infinitive p. 58).

6. <u>**To be**, auxiliaire du passif</u>

To be + participe passé

The car was driven by a young man.

La voiture était conduite par un jeune homme.

7. <u>**To be to** exprime un « futur de convention »</u>, c'est-à-dire qu'un événement se produira parce qu'il en été convenu ainsi :

We are to meet at 10.

Nous devons nous rencontrer à 10 heures (parce que nous en sommes convenus).

➡ ***Remarque :***

He must work if he is to succeed.

Il faut qu'il travaille s'il veut réussir.

La traduction par *veut* indique bien que ce futur dépend de la volonté du sujet, d'une convention qu'il a passée avec lui-même.

• Attention à l'emploi de **to be to** au passé (futur historique).

He was to become a famous writer.

Il devait devenir un écrivain célèbre (il l'est effectivement devenu).

La construction est ici **was/were to be** + infinitif complet.

Remarque : même s'il est souvent traduit par *devoir,* **to be to** n'implique pas une obligation absolue (qui s'exprime par **to have to**).

• Mais on peut rencontrer la construction suivante : **was/were** + infinitif passé (= **have** + participe passé).

She was to have opened the festival, but she had an accident on her way to Edinburgh.

Elle devait ouvrir le festival, mais elle a eu un accident en se rendant à Edimbourg. L'événement avait été prévu (l'ouverture) mais il n'a pu avoir lieu.

8. <u>**To be going to/to be about to,** *être sur le point de*</u>.

Ces deux expressions permettent d'exprimer un futur proche (➡ p. 43).

He is going to fall.

Il va tomber.

He was about to jump.

Il s'apprêtait à sauter.

9. To be + -ing

C'est une forme verbale caractéristique de l'anglais, souvent employée, avec de nombreux effets de sens, malgré son apparente simplicité. Elle permet de saisir le verbe en situation (on parle parfois d'actualisation). Cet ancrage dans la situation correspond souvent à une action en cours (c'est pourquoi on parle parfois de forme progressive).

Comparons ces deux énoncés :

a) **Water boils at 100°C.**
L'eau bout à 100 degrés C.

b) **Careful ! The water is boiling.**
Attention ! L'eau bout.

L'énoncé **a)** exprime une propriété générale de l'eau, une vérité "intemporelle".

L'énoncé **b)** décrit une situation particulière. Je ne parle pas de l'eau en général, mais de celle que l'on a mise sur le feu, au moment où je parle.

De même :

c) **Peter is driving home.**
Peter rentre chez lui en voiture.

Cet énoncé décrit la situation actuelle de Peter (il est au moment de l'énoncé sur le chemin du retour).

Mais

d) **Peter drives home every day.**
Peter rentre tous les jours en voiture.

J'exprime une « propriété » de Peter (c'est un automobiliste, il ne prend pas le train ou le métro).

➡ Il serait cependant faux de croire que la forme en **be + -ing** exprime toujours une action en cours. Elle a d'autres significations que l'on étudiera particulièrement avec les temps : présent (p. 39), prétérit (p. 44), **present perfect** (p. 46) pour ce qui est des plus remarquables.

➡ **ATTENTION :** Tous les verbes ne peuvent être employés à la "forme progressive". Sont notamment exclus de cet emploi :

• Verbes de perception involontaire, par ex. : **hear, see, smell, notice, observe,** etc.

• Verbes exprimant des sentiments, par ex. : **adore, detest, like, love, want,** etc. (**to feel** + adjectif peut être utilisé à la forme progressive).

02 VERBES CHARNIÈRES • 1. To be *(être)*

• Verbes exprimant une activité mentale, par ex. : **believe, know, remember, think, understand,** etc.
• Verbes exprimant la possession, par ex. : **belong, own, possess,** etc.
• Les verbes **appear** (dans le sens de *sembler*), **concern, consist, hold** (dans le sens de *contenir*), **keep** (dans le sens de *continuer*), **matter, seem, signify.**
➡ ATTENTION : certains verbes s'emploient à la forme progressive, dans certains sens, alors qu'ils ne peuvent s'employer à d'autres.
Ex. : **They are seeing the country.**
Ils visitent le pays.
What are you thinking about ?
À quoi pensez-vous ?

02 2. Autres VERBES CHARNIÈRES (ou copules) et VERBES POSTULANT L'EXISTENCE

Si **be** est le verbe charnière fondamental et celui qui permet d'affirmer l'existence, on en trouve quelques autres :

a) <u>Verbes copules</u> :

• **to become** (*devenir*)
become + nom
In 1845 Texas became part of the USA.
En 1845, le Texas est devenu territoire des États-Unis.
become + adjectif
The fog became thicker and thicker.
Le brouillard devenait de plus en plus épais.

• **to turn** (*devenir*) + adjectif
In a few weeks his hair turned completely white.
En quelques semaines ses cheveux sont devenus tout blancs.

• **to get** + adjectif
He gets drunk.
Il se soûle.
The weather is getting colder.
Le temps se refroidit.

• **to seem** (*sembler*)
to seem + adjectif
It seems important.
Cela semble important.

• **to seem** + infinitif + complément

He seems to be at home.

Il semble être chez lui.

➡ Notez l'emploi impersonnel : **it seems that**

It seems that he is at home.

Il semble qu'il est chez lui.

• **to look** (*paraître* au regard), **to sound** (*paraître* à l'oreille), **to taste** (*paraître* au goût), **to smell** (*paraître* à l'odorat) : ces verbes se construisent avec un adjectif.

It smells nice.

Ça sent bon.

It sounds good to me.

Ça m'a l'air bien.

b) Verbes postulant l'existence :

• À côté de **there is/there are,** etc., on peut trouver : **there seems/seem to be,** etc. ; **there exists/exist,** etc., *il existe ;* **there remains/remain,** etc., *il reste.*

On observera l'accord avec le sujet placé après le verbe :

There seems to be another solution.

Il semble qu'il y a une autre solution.

(On trouve aussi la tournure **It seems that there is another solution**).

There exist only two solutions.

Il n'existe que deux solutions.

There remain three problems to tackle.

Il reste trois problèmes à traiter.

• Les verbes **stand** et **lie** peuvent se substituer à **be** pour indiquer la situation ; l'adverbe **there** peut être remplacé par un complément de lieu précis :

At the back of the hotel lies a wonderful park.

Derrière l'hôtel s'étend un parc merveilleux.

Among the woods stood an old chapel.

Dans les bois se dressait une vieille chapelle.

➡ **Stand** s'emploie pour quelque chose dont la dimension principale est la verticale.

➡ **Lie** s'emploie pour quelque chose dont la dimension essentielle est horizontale.

■ ***Conjugaison de*** **to have,** ***avoir***

INFINITIF ***Présent*** **to have** *avoir* ***Passé*** **to have had** *avoir eu*	PARTICIPE ***Présent*** **having** *ayant* ***Passé*** **had** *eu*
INDICATIF ***Présent*** *j'ai* **I (we, you, they) have** **he (she, it) has**	Nég. : **I have not** Interr. : **have I ?**
Prétérit *j'avais* **I (we, you, they) } had** **he (she, it)**	Nég. : **I had not** Interr. : **had I ?**
Present perfect *j'ai eu* **I (we, you, they) have had** **he (she, it) has had**	Nég. : **I have not had** Interr. : **had I had ?**
Pluperfect *j'avais eu* **I (we, you, they) } had had** **he (she, it)**	Nég. : **I had not had** Interr. : **had I had ?**
Futur *j'aurai* **I (we) shall* have** **you (they, he, she, it) } will have**	Nég. : **I shall* not have** Interr. : **shall* I have ?**
Futur antérieur *j'aurai eu* **I (we) shall* have had** **you (they, he, she, it) } will have had**	Nég. : **I shall* not have had** Interr. : **shall* I have had ?**
CONDITIONNEL ***Présent*** *j'aurais* **I (we) should** have** **You (they, he, she, it) would have**	Nég. : **I should** not have** Interr. : **should** I have ?**
Passé *j'aurais eu* **I (we) should** have had** **You (they, he, she, it) would have had**	Nég. : **I should** not have had** Interr. : **should** I have had ?**
IMPÉRATIF *aie* **have** / **don't have !** **let me (us, him, her, it, them) have** / **don't let me (us, him, her, it, them) have**	SUBJONCTIF **I (we, you, they he, her, it) have**
* ou **will** ** ou **would**	

Emplois de to have

1. Le verbe **to have** peut avoir le sens de *posséder* :

to have a car, *avoir* (posséder) *une voiture* ou de *prendre* (un repas, etc.)

to have breakfast, to have coffee

prendre un petit déjeuner, prendre du (son) café

to have tea, *prendre du (son) thé*

to have lunch, *prendre son déjeuner*

➡ Il se conjugue alors avec **do** à la forme négative ou interro-négative, comme les autres verbes.

Do you have a car ?

Avez-vous une voiture ?

Did you have breakfast ?

Avez-vous pris votre petit déjeuner ?

2. Notez aussi l'expression **to have to** + verbe à l'infinitif : *devoir (avoir à)* = obligation impérative, nécessité absolue.

I have to go. *Je dois partir, il faut que je parte.*

Ici aussi, on utilise **do** aux formes interrogatives et négatives :

Does she have to go ? *Doit-elle partir ?*

3. Mais **to have** est aussi un auxiliaire, ainsi nommé parce qu'il aide les autres verbes à se mettre à certains temps.

• Passé composé **(present perfect) : have** + participe passé :

I have seen. *J'ai vu.* **He has gone.** *Il est parti.*

Notez que là où le français emploie *avoir* (dans la majorité des cas) mais aussi *être,* l'anglais n'emploie que l'auxiliaire **have.**

• Le plus-que-parfait **(pluperfect) had** (passé de **to have**) + participe passé :

I had selected. *J'avais sélectionné.*

➡ La forme négative de **have** auxiliaire est formée avec **not :**

He has not seen her. *Il ne l'a pas vue.*

John hadn't come. *John n'était pas venu.*

➡ La forme interrogative s'obtient par l'inversion auxiliaire sujet :

Has he come ? *Est-il venu ?*

Had they seen her ? *L'avaient-ils vue ?*

4. Have got

Got, participe passé de **to get** (*obtenir*), est souvent associé à **to have** (au sens d'*avoir, posséder*) sans que cela ajoute au sens. Il s'agit d'une tournure un peu familière mais d'une utilisation très courante (sauf à l'infinitif) en anglais britannique :

They've got a beautiful house (= **they have a beautiful house**). *Ils ont une belle maison.*

I haven't got any (= **I haven't any** ou **I don't have any**). *Je n'en ai pas.*

Have you got a key ? (= **Do you have a key ?**) *Avez-vous une clé ?*

➡ Même chose avec **to have to,** *devoir :*

I've got to do it (= **I have to do it**). *Il faut que je le fasse.*

5. **To have** + complément + participe passé = *faire faire quelque chose* (*faire* + verbe à l'infinitif + complément)

He had the lamp repaired by his sister. *Il a fait réparer la lampe par sa sœur.*

I'll have my car washed. *Je vais faire laver ma voiture.*

➡ Notez la valeur passive du participe passé qui indique le résultat de l'action : la lampe *a été réparée,* la voiture *sera lavée.*

• Le complément d'agent du passif (introduit par **by**) n'est pas obligatoire.

• Cette construction indique que le sujet de **have** n'est pas celui qui fait l'action.

I'll have my hair cut. *Je vais me faire couper les cheveux.*

6. **To have** + nom ou pronom complément + infinitif sans **to** = *faire faire quelque chose à quelqu'un.*

I'll have my brother do it. *Je vais le faire faire à mon frère.*

I'll have him do it. *Je vais le lui faire faire.*

He'll have John mow the lawn. *Il va faire tondre la pelouse par John.* (au sens de : il va faire en sorte que John tonde la pelouse ; il va lui dire de tondre la pelouse)

➡ Notez le sens actif du verbe à l'infinitif. Cette tournure insiste sur le fait que l'on impose une action à quelqu'un, qu'on l'oblige à faire quelque chose, ou qu'on lui demande de faire quelque chose.
Notez également l'expression :

I had something funny happen to me.
Il m'est arrivé quelque chose de drôle.
(**something** ne peut être que *sujet* du verbe *actif* **happen**)

7. To have + complément + forme en -ing

We'll soon have you walking again.
Nous allons rapidement te remettre debout.
(te permettre de marcher à nouveau, faire en sorte que tu marches à nouveau)

Cette forme indique ici une conséquence permanente, un résultat durable.
➡ ATTENTION : cette construction peut avoir un autre sens :

I don't want to have people standing here all day.
Je ne veux pas avoir des gens debout ici toute la journée.

Ici, il n'y a pas d'intervention du sujet **I** provoquant un résultat ; le sens est « je ne veux pas *voir* des gens debout ici toute la journée ».

8. Had better ('d better)

You'd better stay. *Vous feriez mieux de rester.*
Notez la construction avec l'infinitif sans **to.**
Ne pas confondre avec **'d rather** (voir p. 75).
Le **had** de **'d better** n'est pas une indication de temps. C'est un « prétérit modal » de même nature que « faire mieux de » en français.

VERBES CHARNIÈRES • 4. To do

■ 1. *Le verbe* to do [dʌz/*dœz*]

Formes : **to do, I did, done ; does** à la 3e personne du singulier du présent de l'indicatif.

Signifie *faire ;* mais se distingue de **to make** = *faire, fabriquer,* en ce sens qu'il indique souvent une action plus générale ou abstraite, ou une suite d'actions :

to do good	*faire le bien*
to do business	*faire des affaires*
to do a room	*faire une chambre*

mais :

to make a deal	*conclure un accord*
to make a bed	*faire un lit*
to make a mistake	*faire une faute*

> De façon générale, **to do** vise davantage l'activité elle-même, **to make** le résultat produit.

■ 2. *L'auxiliaire* do

- Il sert à mettre les verbes (sauf **to be, to have** et les modaux ou défectifs) à la forme interrogative. C'est lui qui porte la marque de la personne et du temps. Ainsi au présent :

  Do you like tea ? *Aimez-vous le thé ?*

  Does she drink coffee ? *Boit-elle du café ?*

- Au prétérit :

  Did they drink tea ? *Buvaient-ils du thé ?*

- L'ordre des mots est, au présent :

  Do/does + sujet + verbe (à l'infinitif sans **to**) + complément

  Au prétérit :

  Did + sujet + verbe (à l'infinitif sans **to**) + complément

  L'auxiliaire **do** (suivi de **not**) est aussi nécessaire à la forme négative :

I do not drink tea.	*Je ne bois pas de thé.*
He does not like coffee.	*Il n'aime pas le café.*
They did not like tea.	*Ils n'aimaient pas le thé.*

- ***Contractions :***

  do not → **don't**

  does not → **doesn't**

  did not → **didn't**

2. *L'auxiliaire* **do** (suite)

Interro-négative :

Do you not see ? *Ne voyez-vous pas ?*
Did he not see ? *N'a-t-il pas vu ?*

sont la plupart du temps contractés en :

Don't you see ?
Didn't he see ?

➡ Le verbe **to do** se conjugue avec l'auxiliaire **do :**

They did not do it. *Ils ne l'ont pas fait.*

3. **To do** ***forme d'insistance (ou emphatique)*** s'utilise pour insister sur un fait, une idée.

I do like tea.
J'aime vraiment le thé.
He did do it.
Il l'a vraiment fait.

4. ***Renforcement d'une réponse***

En anglais, en général, on ne se contente pas de répondre simplement par *oui, non* ou *si :* on reprend l'auxiliaire à la forme (affirmative ou négative) et à la personne qui conviennent :

– **Do you like tea ? – Yes, I do.**
– *Aimez-vous le thé ? – Oui.*
– **Do they drink wine ? – No they don't.**
– *Boivent-il du vin ? – Non.*
– **Don't you like it ? – Yes, we do.**
– *Vous n'aimez pas ça ? – Si.*
– **Did they come ? – Yes, they did.**
– No they didn't.
– *Sont-ils venus ? – Oui.*
– Non.
– **Didn't they come ? – Yes, they did.**
– *Ils ne sont pas venus ? – Si.*

➡ Lorsque le verbe est construit avec un autre auxiliaire que **do,** c'est bien sûr cet autre auxiliaire qui est repris :

– **Can he do it ? – Yes, he can.**
– *Peut-il le faire ? – Oui.*
– **Will they come ? – No, they won't.**
– *Viendront-ils ? – Non.*

VERBES CHARNIÈRES • 5. To let

1. **To let** est un verbe irrégulier : **to let, I let, let,** signifiant *louer* (de propriétaire à locataire).

House to let, *maison à louer*

The flat was let to an old couple.

L'appartement était loué à un couple âgé.

➡ À distinguer de **to rent,** *prendre en location, louer.*

2. C'est un verbe irrégulier, suivi de l'infinitif sans **to,** au sens de *laisser faire quelque chose.*

We cannot let them do it.

Nous ne pouvons pas les laisser le faire.

- Il ne peut pas dans ce cas être employé au passif :

They let him go.

Ils l'ont laissé partir.

donne au passif :

He was allowed to go.

Il fut autorisé à partir.

- **To let go** employé seul ou avec complément correspondra souvent au sens de *lâcher.*

They let go the rope.

Ils lâchèrent la corde.

Let go of me !

Lâchez-moi !

3. **To let** est l'auxiliaire qui permet de former l'impératif aux premières et troisièmes personnes :

Let us go ! *Allons-y !*

Let them try ! *Qu'ils essayent !*

- Forme négative :

Let's (= **let us**) **not do it !** *Ne le faisons pas !*

ou plus familièrement :

Don't let us do it !

4. **To let** sera souvent employé dans des expressions de style recherché comme :

Let me be clearly understood.
Comprenez-moi bien (que je sois bien compris).
Let the reader be informed that...
Que le lecteur soit informé de ce que...

5. Le sens de **to let** peut être modifié par une pré- ou postposition :

to let down, *laisser tomber, baisser*
to let in, *laisser entrer, faire entrer*
to let off, *lâcher, laisser échapper*

6. Attention aux variations de sens possibles lorsque **to let** est repris par un auxiliaire :

Let's go, shall we ?
Allons-y, d'accord ?
Let us go, will you ?
Laisse-nous y aller, s'il te plaît.

- Le premier cas correspond à une volonté d'entraîner les autres, c'est l'impératif 1re personne du pluriel (forme contractée) de **go (let us go).**
- Le second est une demande d'autorisation : impératif 2e personne de **let** (*laisser*) + complément + infinitif sans **to.**

VERBES CHARNIÈRES • 6. To get

1. **To get, got, got, *suivi d'un nom complément*,** signifie *obtenir :*

   To get good results.
   Obtenir de bons résultats.
   He didn't get enough money.
   Il ne gagnait pas assez d'argent.
   I'll get it for you.
   Je vais aller te le chercher.

➡ **To get** peut aussi signifier *comprendre* (= *saisir*)
I don't get it. *Je ne comprends pas.*

2. **To get + *adjectif* :** *devenir*

   to get old, *devenir vieux, vieillir*
   to get tired, *commencer à être fatigué, se fatiguer*
   to get angry, *se mettre en colère, se fâcher*
   to get cold, *refroidir.*

➡ L'adjectif peut être un participe passé ou un adjectif verbal en **-ing :**
Let's get going. *Allons-y.*

3. **To get + *préposition* ou *postposition*** prend le sens donné par la pré- ou postposition :

   to get off the bus, *descendre de l'autobus*
   to get in, *entrer*
   to get out, *sortir*
   to get up, *se lever*
   to get away, *s'éloigner*
   to get home, *rentrer chez soi.*

4. **To have got + *nom*** (p. 23) indique le fait d'*avoir,* la possession.

Il s'agit d'une formule idiomatique dans laquelle la présence de **got** n'ajoute rien au sens de **to have :**

I've got an idea ! *J'ai une idée !*
She hasn't got any money. *Elle n'a pas d'argent.*
We've got to do it. *Nous devons le faire.*

➡ *Remarque :* en langue familière, on entendra souvent **I got** au lieu de **I've got.**

I got a new car.
J'ai une voiture neuve.

5. *Les emplois de* **get** *auxiliaire*

- **Get** + complément + participe passé

  Get it done as fast as possible.
  Faites-le faire le plus vite possible.

  Cette structure est proche de **have** + complément + participe passé, mais un peu plus familière.

- **Get** + complément + infinitif complet (verbe actif)

  I must get him to write this report.
  Il faut que je lui fasse rédiger ce rapport.

  Cette structure est très proche de **have** + complément + infinitif sans **to** du point de vue du sens (plus familière). La grosse différence est la construction de **get** avec l'infinitif complet.

- **Get,** auxiliaire du passif

  He got killed in a car crash.
  Il s'est fait tuer dans un accident de voiture.

  Du point de vue du sens, ce passif en **get** est comparable au français « se faire », insistant plus sur l'acte que sur son résultat.

03 VERBES RÉGULIERS

- Les verbes réguliers forment à l'écrit leur prétérit et leur participe passé par adjonction de **-ed** à la forme de l'infinitif sans **to.**

    to select, *choisir* → **selected, selected**

- Les formes orales se font par l'adjonction de [d], de [t] ou de [ɪd] selon la terminaison du verbe. On prononce donc :

    look → **looked** [lʊkt/*loukt*] **love** → **loved** [lʌvd/*lævd*]
    demand → **demanded** [dɪd] **arrest** → **arrested** [ə'restɪd/*erèstid*]

- Les verbes terminés par **-e** à l'infinif prennent seulement la finale **-d.**

    to save, *sauver* → **saved, saved** [seɪvd/*séivd*]

- Les verbes en **-y** font **-ied :**

    to cry, *pleurer* → **cried, cried**

  Mais les verbes en **-oy, -ay, ey** font **-oyed, -ayed, eyed :**

    to destroy, *détruire* → **destroyed**
    to stay, *rester* → **stayed,**
    to obey *obéir* → **obeyed**

➡ Attention : **to pay** → **paid ; to lay** → **laid.**

- Au prétérit et au participe passé, on redouble la consonne finale de l'infinitif du verbe si elle se termine en syllabe accentuée :

    to occur, *se produire* → **occurred**
    to defer, *remettre à plus tard* → **deferred**

➡ mais **to differ,** *être différent* → **differed**

De même, **occurring, deferring** mais **differing.**

Ce redoublement n'a pas lieu dans le cas où le verbe est terminé par plusieurs consonnes ;

    to insist, *insister* → **insisted**

- En anglais britannique, le redoublement du **-l** final intervient dans de tels cas quelle que soit la position de l'accent tonique pour les verbes en **-el, -al.**

    to compel, *obliger, forcer* → **compelled**
    to cancel, *annuler* → **cancelled**
    to travel, *voyager* → **travelled**

- En américain, on s'en tient à la pratique énoncée plus haut, c'est-à-dire redoublement uniquement en syllabe accentuée :

    to compel → **compelled** mais **to travel** → **traveled**

➡ Même différence entre GB et US pour un verbe comme **total,** *additionner, totaliser :*

GB : **to total** → **totalled** US : **to total** → **totaled.**

03 VERBES RÉGULIERS • ex. : Conjugaison de *to book*

INFINITIF ***Présent*** to book *réserver* ***Passé*** to have booked *avoir réservé*	PARTICIPE ***Présent*** booking *réservant* ***Passé*** booked *réservé* [bʊkt]
INDICATIF ***Présent*** *je réserve* **I (we, you, they) book** **he (she, it) books**	Nég. : **I do (he does) not book** Interr. : **do I (does he) book ?**
Prétérit *je réservais* **I (we, you, they)** } **booked** **he (she, it)** }	Nég. : **I did not book** Interr. : **did I book ?**
Présent perfect *j'ai réservé* **I (we, you, they) have booked** **he (she, it) has booked**	Nég. : **I have (he has) not booked** Interr. : **have I (has he) booked ?**
Pluperfect *j'avais réservé* **I (we, you, he, she, it, they)** } **had booked**	Nég. : **I had not booked** Interr. : **had I booked ?**
Futur *je réserverai* **I (we) shall* book** **you (they)** } **will book** **he (she, it)** }	Nég. : **I shall* (he will) not book** Interr. : **shall* I (will he) book ?**
Futur antérieur *j'aurai réservé* **I (we) shall* have booked** **you (they, he, she, it)** } **will have booked**	Nég. : **I shall* (he will) not have booked** Interr. : **shall* I (will he) have booked ?**
CONDITIONNEL ***Présent*** *je réserverais* **I (we) should** book** **you (they, he, she, it)** } **would book**	Nég. : **I should** (he would) book** Interr. : **should** I (would he) book ?**
Passé *j'aurais réservé* **I (we) should** have booked** **you (they, he, she, it)** } **would have booked**	Nég. : **I should** (he would) not have booked** Interr. : **should** I (would be) have booked ?**
IMPÉRATIF **book !** — **don't book !** **let me (us, him, her, it, them) book !** — **don't let me (us, him, her, it, them) book !**	SUBJONCTIF **I (we, you, they, he, she, it) have booked**
* ou **will**	** ou **would**

04 VERBES IRRÉGULIERS • To *eat (manger)*

1. ***Rappel :*** les verbes sont dits irréguliers lorsque leur prétérit et leur participe passé se forment autrement que par adjonction de **-ed** ou **-d.**

to take, *prendre*, **I took, taken**

• Leur participe passé peut être identique au prétérit ou différent de ce dernier :

to cut, *couper*, **I cut, cut**
to drink, *boire*, **I drank, drunk**

• Pour certains verbes, seul le participe passé est irrégulier.

to show, *montrer*, **I showed, shown,**

• Parfois, les formes régulières et les formes irrégulières peuvent toutes les deux être utilisées :

to dream, *rêver*, **I dreamed, dreamed,**

ou

to dream, I dreamt, dreamt

2. Liste des verbes irréguliers p. 34 à 38.

VERBES IRRÉGULIERS • ex. : conjugaison de *to eat*

INFINITIF ***Présent*** **to eat** *manger* ***Passé*** **to have eaten** *avoir mangé*	PARTICIPE ***Présent*** **eating** *mangeant* ***Passé*** **eaten** *mangé*
INDICATIF ***Présent*** *je mange* **I (we, you, they) eat** **he (she, it) eats**	Nég. : **I do (he does) not eat** Interr. : **do I (does he) eat ?**
Prétérit *je mangeais* **I (we, you, they)** } **ate** **he (she, it)** }	Nég. : **I did not eat** Interr. : **did I eat ?**
Present perfect *j'ai mangé* **I (we, you, they) have eaten** **he (she, it) has eaten**	Nég. : **I have (he has) not eaten** Interr. : **have I (has he) eaten ?**
Pluperfect *j'avais mangé* **I (we, you, they)** } **had eaten** **he (she, it)** }	Nég. : **I had not eaten** Interr. : **had I eaten ?**
Futur *je mangerai* **I (we) shall* eat** **you (they, he, she, it) eat ?**	Nég. : **I shall* (he will) not eat** Interr. : **shall* I (will he) will eat**
Futur antérieur *j'aurai mangé* **I (we) shall* have eaten** **you (they, he, she, it) will have eaten**	Nég. : **I shall* (he will) not have eaten** Interr. : **shall* I (will he) have eaten ?**
CONDITIONNEL ***Présent*** *je mangerais* **I (we) should** eat** **you (they, he, she, it) would eat**	Nég. : **I should** (he would) not eat** Interr. : **should** I (would he) eat ?**
Passé *j'aurais mangé* **I (we) should** have eaten** **you (they, he, she, it) would have eaten**	Nég. : **I should** (he would) not have eaten** Interr. : **should** I (would he) have eaten ?**
IMPÉRATIF **eat !** / **don't eat** **let me (us, him, her, it, them) eat !** / **don't let me (us, him, her, it, them) eat !**	SUBJONCTIF **I (we, you, they, he, she, it) eat**
* ou **will** ** ou **would**	

LISTE DES VERBES IRRÉGULIERS

INFINITIF	PRÉTÉRIT	PART. PASSÉ
to be *être*	**was**	**been**
to bear *porter, supporter*	**bore**	**borne**
to beat *battre*	**beat**	**beaten**
to become *devenir*	**became**	**become**
to begin *commencer*	**began**	**begun**
to bend *courber*	**bent**	**bent**
to bet *parier*	**bet**	**bet**
to bid *dire, souhaiter*	**bid**	**bid**
to bid *demander, inviter*	**bade**	**bidden**
to bind *lier*	**bound**	**bound**
to bite *mordre*	**bit**	**bitten**
to bleed *saigner*	**bled**	**bled**
to blow *souffler*	**blew**	**blown**
to break *casser*	**broke**	**broken**
to bring *apporter*	**brought**	**brought**
to build *construire*	**built**	**built**
to burn *brûler*	**burnt**	**burnt**
to burst *éclater*	**burst**	**burst**
to buy *acheter*	**bought**	**bought**
to cast *lancer*	**cast**	**cast**
to catch *attraper*	**caught**	**caught**
to choose *choisir*	**chose**	**chosen**
to cling *s'accrocher*	**clung**	**clung**
to come *venir*	**came**	**come**
to cost *coûter*	**cost**	**cost**
to cut *couper*	**cut**	**cut**
to deal *distribuer*	**dealt**	**dealt**
to dig *creuser, bêcher*	**dug**	**dug**
to do *faire*	**did**	**done**
to draw *tirer, dessiner*	**drew**	**drawn**
to dream *rêver*	**dreamt**	**dreamt**
to drink *boire*	**drank**	**drunk**

to drive *conduire*	**drove**	**driven**
to eat *manger*	**ate**	**eaten**
to fall *tomber*	**fell**	**fallen**
to feed *(se) nourrir*	**fed**	**fed**
to feel *éprouver, se sentir*	**felt**	**felt**
to fight *combattre, se battre*	**fought**	**fought**
to find *trouver*	**found**	**found**
to fly *voler (avion)*	**flew**	**flown**
to forbid *interdire*	**forbade**	**forbidden**
to forget *oublier*	**forgot**	**forgotten**
to forgive *pardonner*	**forgave**	**forgiven**
to freeze *geler*	**froze**	**frozen**
to get *obtenir*	**got**	**got**
to give *donner*	**gave**	**given**
to go *aller*	**went**	**gone**
to grind *moudre, aiguiser*	**ground**	**ground**
to grow *grandir, faire pousser*	**grew**	**grown**
to hang *pendre*	**hung**	**hung**
to have *avoir*	**had**	**had**
to hear *entendre*	**heard**	**heard**
to hide *cacher, se cacher*	**hid**	**hidden**
to hit *frapper*	**hit**	**hit**
to hold *tenir*	**held**	**held**
to hurt *blesser*	**hurt**	**hurt**
to keep *garder*	**kept**	**kept**
to kneel *s'agenouiller*	**knelt**	**knelt**
to know *savoir, connaître*	**knew**	**known**
to lead *conduire, mener*	**led**	**led**
to lean *se pencher*	**leant**	**leant**
to leap *sauter, bondir*	**leapt**	**leapt**
to learn *apprendre*	**learnt**	**learnt**
to leave *laisser, quitter*	**left**	**left**

to lend *prêter*	**lent**	**lent**
to let *laisser, louer*	**let**	**let**
to lie *être étendu*	**lay**	**lain**
to light *allumer, éclairer*	**lit**	**lit**
to lose *perdre*	**lost**	**lost**
to make *faire*	**made**	**made**
to mean *signifier, vouloir dire, avoir l'intention de*	**meant**	**meant**
to meet *rencontrer*	**met**	**met**
to overcome *surmonter*	**overcame**	**overcome**
to put *mettre*	**put**	**put**
to quit *quitter, abandonner, cesser de*	**quit**	**quit**
to read *lire*	**read**	**read**
to rend *déchirer*	**rent**	**rent**
to rid *débarrasser*	**rid**	**rid**
to ride *aller à cheval, à bicyclette*	**rode**	**ridden**
to ring *sonner*	**rang**	**rung**
to rise *se lever*	**rose**	**risen**
to run *courir*	**ran**	**run**
to say *dire*	**said**	**said***
to see *voir*	**saw**	**seen**
to seek *chercher*	**sought**	**sought**
to sell *vendre*	**sold**	**sold**
to send *envoyer*	**sent**	**sent**
to set *placer, fixer*	**set**	**set**
to shake *secouer*	**shook**	**shaken**
to shine *briller*	**shone**	**shone**
to shoot *tirer (coup de feu)*	**shot**	**shot**
to show *montrer*	**showed**	**shown**
to shrink *rétrécir*	**shrank**	**shrunk**
to shut *fermer*	**shut**	**shut**
to sing *chanter*	**sang**	**sung**
to sit *être assis*	**sat**	**sat**
to sleep *dormir*	**slept**	**slept**

to smell *sentir*	**smelt**	**smelt**
to speak *parler*	**spoke**	**spoken**
to spell *épeler*	**spelt**	**spelt**
to spend *passer du temps*	**spent**	**spent**
to spread *(s')étendre*	**spread**	**spread**
to spring *bondir*	**sprang**	**sprung**
to stand *se tenir debout*	**stood**	**stood**
to steal *voler*	**stole**	**stolen**
to stick *coller*	**stuck**	**stuck**
to sting *piquer (insectes)*	**stung**	**stung**
to stink *sentir mauvais*	**stank**	**stunk**
to strike *frapper*	**struck**	**struck**
to swear *jurer*	**swore**	**sworn**
to sweep *balayer*	**swept**	**swept**
to swell *enfler*	**swelled**	**swollen, swelled**
to swim *nager*	**swam**	**swum**
to take *prendre*	**took**	**taken**
to teach *enseigner*	**taught**	**taught**
to tear *déchirer*	**tore**	**torn**
to tell *dire*	**told**	**told**
to think *penser*	**thought**	**thought**
to throw *jeter*	**threw**	**thrown**
to understand *comprendre*	**understood**	**understood**
to wear *porter (vêtements)*	**wore**	**worn**
to weep *pleurer*	**wept**	**wept**
to win *gagner, vaincre*	**won**	**won**
to wind *tourner, remonter*	**wound**	**wound**
to withdraw *(se) retirer*	**withdrew**	**withdrawn**
to write *écrire*	**wrote**	**written**

05 LES TEMPS

• Remarque sur le mot *temps :* il renvoie à la fois à une *forme* du verbe (en anglais **tense**) et au *temps* qui passe (en anglais **time**).
➡ **Tense** ne correspond pas nécessairement à **time.**
Nous étudions ici les **tenses** et leur relation avec le **time.**

1. *Le présent*

On distingue le présent simple et le présent dit « continu ».

1.1. *Le présent simple*

• Formation

Il a la forme de l'infinitif sans **to** à toutes les personnes, sauf la 3e personne du singulier où l'on ajoute **s.**

I take, *je prends* **you take,** *tu prends* **He, she, it takes,** *il, elle, cela prend*	**we take,** *nous prenons* **you take,** *vous prenez* **they take,** *ils prennent*
Forme négative **I do not take** **You do not take** **he, she, it does not take**	 **we do not take** **you do not take** **they do not take**
Interrogative **do I take ?** **do you take ?** **does he, she, it take ?** **do we take ?** **do you take ?** **do they take ?**	Interro-négative **don't I take ?** **don't you take ?** **doesn't he, she, it take ?** **don't we take ?** **don't you take ?** **don't they take ?**

• La 3e personne du singulier du présent

L'adjonction de **s** à la 3e personne peut entraîner des modifications d'orthographe dans le cas :

– des verbes terminés par consonne + **o** → **oes**
  to go → **he goes**
– des verbes terminés par consonne + **y** → **ies**
  to try → **she tries**

1.2. ***Usage***

Son usage est en général différent de celui du présent français (sauf pour **to be** + adjectif où l'emploi est le même qu'en français : **I'm glad,** *je suis content.*)

Le présent dit présent simple en anglais s'emploie pour des vérités générales :

The sun shines, *le soleil brille*
I don't like bananas, *je n'aime pas les bananes*
I think you are right, *je crois que vous avez raison.*

1.3. ***Le présent continu*** (voir « la forme en **-ing** » p. 11)

Lorsque le présent correspond à une action où le sujet est en situation (par exemple lorsqu'on exprime une action en train de se faire), on utilise le présent continu ou présent à la forme en **-ing.**

Formation : **to be** à la personne voulue + verbe + **-ing.**

présent simple : **I drink,** je bois
présent en **-ing : I am drinking**

1.4. ***Emploi :*** notez la différence entre le présent simple :

Water boils at 100° C. *L'eau bout à 100° C.*
(vérité générale, propriété de l'eau)

et le présent en **-ing :**

Look ! The water is boiling !
Regarde ! L'eau bout (situation).

Les principaux effets de sens du présent continu sont les suivants :

• une action en cours :

John is working in the garden.
John travaille dans le jardin. (Il est en train de travailler.)

Mais on dira :

John works as a gardener at the Palace.
John travaille comme jardinier au Palais. (C'est sa profession.)

• une intention :

I'm leaving tomorrow.
Je pars demain. (Ma décision a déjà été prise.)
What are you drinking ?
Qu'est-ce-que vous prenez ? (Cette question se posera à quelqu'un qui n'est pas en train de boire, mais qui au restaurant ou au bar va de toute évidence commander quelque chose à boire.)

1.4. ***Emploi du présent continu*** (suite)

- une habitude qui singularise le sujet :

  I'm buying my shoes in England.
  J'achète mes chaussures en Angleterre.

- un comportement provisoire :

  He is being silly. *Il fait l'imbécile.*

Alors que **He is silly** signifie *c'est un imbécile* (il est né comme ça et ça ne changera pas).

Notez que le présent en **-ing** est très fréquent en anglais, puisqu'on l'on emploie pour décrire une activité en cours, une action non terminée.

1.5. ***Le présent de narration***

Cet emploi, très fréquent en français, du présent pour relater des faits passés en leur donnant plus de vivacité et d'« actualité » du point de vue du lecteur, est rare en anglais (mais pas impossible, comme on le croit parfois).

En 2002, l'entreprise crée son premier modèle…

sera normalement traduit par :

In 2002, the firm created its first model…

Mais on peut trouver :

In 2002, they create their first model.

2. *Le futur*

2.1. En anglais, le futur peut aussi s'exprimer par le ***présent*** (en particulier avec les défectifs : **I think I can come tomorrow,** *je pense que je pourrai venir demain*) ; par le ***présent continu*** (action déjà décidée : **we are meeting the boss on Tuesday,** *nous rencontrerons le patron mardi*) ; par **to be going to,** *être sur le point de.* (cf. p. 40.1.4)

2.2. Le temps dit du futur se forme avec l'auxiliaire **will** + infinitif à toutes les personnes, sauf la 1re du singulier et du pluriel où l'on utilise également **shall :**

I shall go,	*j'irai*
you will go,	*tu iras*
he, she, it will go,	*il, elle ira*
we shall go,	*nous irons*
you will go,	*vous irez*
they will go,	*ils iront*

- **Shall** et **will** se contractent en **'ll :**

  I shall → I'll You will → you'll

- La forme négative s'obtient en ajoutant **not** après **shall** et **will :**

  I shall not go, *je n'irai pas*

  You will not go, *tu n'iras pas,* etc.

➡ **Shall not** se contracte en **shan't,** prononcé [ʃɑːnt/*cha:nt*] en anglais britannique, [ʃænt/*chann't*] en américain.

➡ **Will not** se contracte en **won't** [wəʊnt/*oue-nt*].

Forme interrogative :

Shall I go ? *Irais-je ?*

Will you go ? *Iras-tu ? Irez-vous ?*

Forme interro-négative :

Shall I not go ? ou **Shan't I go ?** *N'irai-je pas ?*

Will you not go ? ou **Won't you go ?** *N'irez-vous pas ?*

2.3. Shall et will

Traditionnellement, on emploie les auxiliaires **shall** à la 1re personne du singulier et du pluriel, **will** aux autres personnes. Mais **will** est très fréquent à la forme affirmative, **won't** à la forme négative, à la première personne en anglais moderne.

De façon générale, **will** s'emploie pour une prédiction, une spéculation sur l'avenir (**I think…, I suppose…**), une promesse, une annonce officielle, une décision non préméditée.

Le remplacement de **shall** par **will** à la 1re personne indique la ferme volonté de faire quelque chose à l'avenir (le nom **will** signifie *volonté*).

I will do it.

Je le ferai (= je tiens à le faire, je m'engage à le faire).

En langue parlée, ce **will** sera accentué.

2.4. Le remplacement de **will** par **shall** aux autres personnes indique un ordre, une obligation que l'on s'impose :

You shall do it, whether you like it or not.

Vous le ferez, que cela vous plaise ou non.

➡ C'est la forme utilisée pour les commandements bibliques (**you shall not kill,** *tu ne tueras point*), pour les contrats, les instructions techniques.

The supplier shall deliver the goods…

Le fournisseur livrera les marchandises…

2.5. ***Remarque*** : En anglais moderne, **will** remplace **shall** à la 1re personne sans que cela indique une intention particulière. Cette simplification est favorisée par le fait que **shall** et **will** ont la même contraction **'ll.**

À la forme interrogative, on continue à employer **shall** à la 1re personne :

What shall we do next ?

Qu'est-ce-que l'on fera après ?

sauf dans le cas d'un futur lointain :

Where will we be in twenty years' time ?

Où (en) serons-nous dans vingt ans ?

➡ Notez l'emploi particulier de **shall** dans les formules comme :

Let's go, shall we ? *Allons-y, d'accord ?*

Let's try, shall we ? *Et si on essayait ?*

où le verbe est sous-entendu dans la reprise interrogative.

2.6. ***Le futur proche***

Pour indiquer qu'on a l'intention de faire prochainement quelque chose, on utilisera **to be going to** + verbe :

I'm going to do it. *Je vais le faire.*

Pour un futur encore plus immédiat on aura : **to be about** + verbe

I am about to do it. *Je suis sur le point de le faire.*

2.7. La forme du présent en **-ing** peut avoir un sens futur :

I am leaving for Spain next week.

Je partirai pour l'Espagne la semaine prochaine.

Notez que le présent français peut aussi avoir ce sens futur (*je pars pour l'Espagne*).

2.8. Les conjonctions de subordination temporelles ne sont jamais suivies du futur :

We'll leave as soon as she is ready/when she is ready.

Nous partirons dès qu'elle sera prête/quand elle sera prête.

➡ ***Attention :*** ceci s'applique évidemment à **when** conjonction, mais si **when** est un interrogatif, au sens de *à quelle date, à quel moment,* il peut parfaitement être suivi du futur.

When will you leave ?

Quand (= à quelle date) *partirez-vous ?*

• Cela est également vrai en style indirect.

I wonder when he will leave.

Je me demande quand (= à quelle date) *il partira.*

• De même lorsque **when** est un relatif au sens *du moment où, moment auquel, date à laquelle,* l'emploi du futur sera normal :

He will arrive on the tenth, when he will open the session.

Il arrivera le dix, date à laquelle il ouvrira la session.

2.9. ***Le futur antérieur***

I shall have done it. *Je l'aurai fait.*

You will have done it. *Vous l'aurez fait.*

Shall ou **will** + **have** + participe passé

Après les conjonctions de subordination temporelles (voir § 10.6), on emploie le **present perfect** au lieu du futur antérieur français :

I'll write to you when (as soon as) I have received the parcel.

Je vous écrirai quand (dès que) j'aurai reçu le colis.

3. *Le prétérit*

3.1. Emploi du prétérit

C'est le temps du passé par excellence, il s'emploie chaque fois qu'un événement est terminé et s'est produit à un moment déterminé du passé (c'est-à-dire chaque fois qu'on peut répondre à la question : *quand ?*), qu'il se soit produit récemment ou il y a longtemps.

I met him yesterday. *Je l'ai rencontré hier.*

On l'emploie donc chaque fois qu'on mentionne un fait passé et daté :

They married in 1995. *Ils se sont mariés en 1995.*

He married her in 1995. *Il l'épousa en 1995.*

I was born in 1970. *Je suis né(e) en 1970.*

Il peut correspondre à un passé composé (cas le plus fréquent), à un passé simple ou même à un imparfait français.

➡ L'emploi du prétérit est nécessaire chaque fois que l'on se réfère à des périodes du passé, ***plus ou moins proches du présent, plus ou moins longues,*** mais en tout cas ***terminées et situées à un moment déterminé du passé.***

3.2. ***Le prétérit* + -ing**

Il insiste sur la durée de l'action et correspond souvent à l'imparfait français (action qui dure dans le passé).

I was listening to the radio when she phoned.
J'écoutais (j'étais en train d'écouter) la radio quand elle a téléphoné.

3.3. ***Le prétérit modal***

C'est un emploi du prétérit qui ne renvoie pas au temps chronologique. Il existe en particulier dans les cas ci-dessous.

3.4. Pour exprimer un irréel du présent (c'est-à-dire quelque chose qui n'existe pas, ou n'est pas conforme à ce que l'on souhaite, au moment présent).

If I were you, *si j'étais vous*

Dans ce cas, le « bon usage » veut qu'on emploie **were** à toutes les personnes. En langue courante, on entendra souvent **was.**

3.5. Après **to wish** *(souhaiter, vouloir)*

I wish I knew *Je voudrais bien savoir* (mais je ne sais pas).
I wish he worked more.
Je voudrais qu'il travaille davantage (mais je sais que ce n'est pas le cas).

Notez une expression comme :

I wish they didn't do it. *Je voudrais bien qu'ils ne le fassent pas* (mais je sais qu'ils vont le faire…)

3.6. Après **'d rather** (= **I'd rather,** *je préférerais*)

I'd rather you visited him tomorrow.
Je préférerais que vous lui rendiez visite demain.
We'd rather he didn't come.
Nous aimerions mieux qu'il ne vienne pas.

Notez que dans de tels cas, le prétérit modal intervient deux fois : dans **I'd rather** et dans le verbe qui suit. Il exprime un désir de changement par rapport à une situation actuelle et, comme tel, est comparable à un irréel du présent.

3.7. Après **it's high time,** *il est grand temps* (indiquant "cela devrait déjà être fait")

It's high time we repaired it. *Il est grand temps de le réparer.*

It's high time you left. *Il est grand temps que vous partiez.*

Comparez avec :

It is time to go, simple constat : *Il est l'heure de partir.*

3.8. **To be going to,** *aller,* **to be about to,** *être sur le point de,* s'utilisent au prétérit pour indiquer, dans le passé, qu'un acte ou événement n'allait pas tarder à se produire. Il s'agit d'une sorte de futur proche dans le passé.

He was going to leave. *Il allait partir.*

We were about to begin.

Nous étions sur le point de commencer.

4. Le present perfect

4.1. Formation

Il se forme comme le passé composé français : auxiliaire *avoir* + participe passé.

J'ai visité la ville. **I have visited the town.**

Je l'ai vue. **I have seen her.**

➡ En anglais, seul l'auxiliaire **to have** est utilisé : *il est parti,* **he has gone.**

Forme interrogative : **Have I visited ?**

Forme négative : **I have not visited, I haven't visited.**

Interro-négative : **Have I not visited ? Haven't I visited ?**

4.2. Emploi

Mais ***attention,*** s'il se forme de la même façon qu'en français, son emploi est bien différent. C'est en fait un temps lié au présent (alors que le passé composé français est un temps du passé) qui s'emploie lorsqu'une action, un état, un événement, etc., dure encore ou qu'on envisage ses conséquences présentes, ou qu'il se situe dans une période non terminée ou non spécifiée.

4.3. Action qui dure encore (inachevée) :
I have been living here for five years.
J'habite ici depuis cinq ans.

4.4. Le **present perfect** s'emploie pour exprimer une action achevée mais envisagée sous l'angle de ses conséquences présentes et dont la date est inconnue ou non mentionnée (on ne peut répondre à la question « quand »).
I have been to Canada
Je suis allé aux États-Unis (je connais le Canada).
Mais bien entendu :
I went to Canada in 2005.
Je suis allé au Canada en 2005.
(prétérit car l'action est terminée et datée).

4.5. Lorsque le français *depuis* indique la *durée* d'une action commencée dans le passé et qui dure encore, on aura le **present perfect** en anglais. *Depuis* sera traduit par **for :**
We've been working for several hours.
Nous travaillons depuis plusieurs heures.

4.6. Lorsque le français *depuis* indique un point de départ, l'origine, *le début* dans le passé d'une action qui dure encore, on aura en anglais le **present perfect** : *depuis* sera traduit par **since :**
We've been working since Monday.
Nous travaillons depuis lundi.

4.7. Une phrase comme : « nous travaillons depuis deux heures », sera toujours au **present perfect** mais *depuis* sera traduit différemment selon qu'il indique une durée ou le début d'une action.
Nous travaillons depuis deux heures (de temps).
We've been working for two hours.
Nous travaillons depuis 2 heures (de l'après-midi).
We've been working since 2 p.m. (p.m. = *post meridiem,* latin pour *après-midi*)

4.8. Passé immédiat, passé proche
Pour exprimer qu'une action est récente, qu'elle est située entre le passé et le présent, on emploie une construction dite « passé immédiat », « passé proche » ou « passé récent » qui s'obtient avec le présent perfect + **just,** selon l'ordre suivant :
have + adverbe **just** + participe passé

et qui correspond au présent de *venir de* + verbe à l'infinitif en français.

I have just finished.
Je viens de terminer.
They have just left.
Ils viennent de partir.

➡ ***Remarque :*** on retrouve un schéma analogue pour traduire *je venais de…* en employant le **pluperfect** + **just** + participe passé

She had just arrived.
Elle venait d'arriver.

4.9. Le **present perfect** est utilisé lorsqu'on parle d'événements situés dans la même unité de temps que celle où l'on se trouve au moment présent où on en parle.

They haven't heard from him this year.
Ils n'ont pas entendu parler de lui cette année.
We haven't seen her today.
Nous ne l'avons pas vue aujourd'hui.
I have sent the final report this week.
J'ai envoyé le rapport final cette semaine.

➡ ***Remarque :*** si l'on se réfère à une unité de temps qui n'est plus l'unité présente (hier, la semaine dernière, l'an passé, etc.), l'événement est replacé dans un passé daté et on emploie le prétérit :

They didn't hear from him last year.
Ils n'ont pas entendu parler de lui l'année dernière.
We didn't see her yesterday.
Nous ne l'avons pas vue hier.
I sent the final report last week.
J'ai envoyé le rapport final la semaine dernière.

• Le temps pourra même changer selon que l'on parle d'événements du matin alors qu'on est encore dans la même matinée (= **present perfect**) ou alors qu'on est déjà dans l'après-midi.

We have worked a lot this morning.
On a beaucoup travaillé ce matin.
(= nous sommes encore dans la matinée)
We worked a lot this morning.
On a beaucoup travaillé ce matin.
(= nous sommes dans l'après-midi ou dans la soirée).

4.10. <u>Present perfect *ou prétérit ?*</u>

a) Traduction de *il y a* + indication de temps.
Ce « problème » (avec lequel on a torturé des générations d'élèves) est en fait fort simple. Il consiste avant tout à choisir le temps que l'on va utiliser en anglais.

• Si *il y a* (= depuis) indique une <u>continuité entre passé et présent</u>, on utilisera le **present perfect** (avec **for** devant l'indication de durée) :

Il y a dix ans que je le connais. (= Je le connais depuis dix ans.)
I have known him for ten years.

• Si *il y a* fait référence à un fait terminé et daté, situé dans le passé, on emploiera le prétérit en ajoutant **ago** à la fin de la phrase, après le complément indiquant la durée :

Je l'ai rencontrée il y a dix ans. (= il y a dix ans que je l'ai rencontrée.)
I met her ten years ago (en fait **ago**, est un ancien participe passé, **agone**, signifiant *écoulé*, *passé*), donc **ten years ago**, m. à m. = « dix années écoulées ».

b) Notez l'importance du choix du temps dans des phrases comme les suivantes :

I worked with them for ten years.
J'ai travaillé avec eux ***pendant*** *dix ans.* (mais je ne travaille plus avec eux, ce qu'indique le prétérit)
I have been working with them for ten years.
Je travaille avec eux ***depuis*** *dix ans.* (ce qu'indique le **present perfect**)

c) Remarquez aussi la différence entre :

It's ten years since they created the company.
Ils ont créé la société il y a dix ans.

et

It's ten years since they have run the company.
Cela fait dix ans qu'ils gèrent la société.

• Dans le 1er cas, **created** est au prétérit car l'action de « créer » est passée et datée.

• Dans le 2e cas, **have run,** *gèrent* est au passé et se poursuit au moment présent.

➡ Remarquez que même devant un pluriel (**ten years**), on emploie le singulier **it is.**
It is/was, etc., permet de mettre l'accent sur la durée (comme le français *cela fait*).

5. *Le plus-que-parfait* (pluperfect)

5.1. Il se forme avec l'auxiliaire **to have** au prétérit (**had**) et le participe passé. Sa forme est la même à toutes les personnes :

I had succeeded *j'avais réussi*
she had seen *elle avait vu*
we had entered *nous étions entrés*

• Notez qu'à la différence du français, où l'auxiliaire peut être *avoir* ou *être,* seul **to have** sous sa forme **had** est utilisé en anglais. en langue parlée, **had** est souvent contracté en **'d :**

I'd seen her. *Je l'avais vue.*

5.2. Forme négative

Elle se forme avec **not** entre **had** et le participe passé.

We had not seen *nous n'avions pas vu*

souvent contracté en **hadn't** dans la langue parlée :

We hadn't seen her. *Nous ne l'avions pas vue.*

5.3. Forme interrogative

Had we succeeded ? *Avions-nous réussi ?*
Had they seen me ? *M'avaient-ils vu ?*

5.4. Emploi

Son emploi est le même en gros qu'en français. Il permet d'indiquer l'antériorité d'un fait par rapport à un autre fait passé.

I had not seen him for years when we met in London.
Je ne l'avais pas vu depuis des années lorsque nous nous sommes rencontrés à Londres.

5.5. Forme en **-ing** (plus-que-parfait continu)

Le plus-que-parfait à la forme en **-ing** jouera souvent par rapport au prétérit le même rôle que le **present perfect** par rapport au présent. Il est le plus souvent associé à une subordonnée de temps.

I had been driving for hours when I realized the engine was overheating.
Je conduisais depuis des heures, quand je m'aperçus que le moteur chauffait.

➡ On le traduira alors par un imparfait français.

LES FORMES

1. Forme en -ing

1.1. *Le participe présent*

Il exprime une action qui coïncide avec celle qu'exprime le verbe principal :

He stood motionless, staring at the newcomer.
Il demeurait immobile, regardant fixement le nouveau venu.
She went away, leaving her children to her mother.
Elle est partie, laissant ses enfants à sa mère.

1.2. Il peut être l'équivalent d'une subordonnée :

Being your father, I should know you.
Étant ton père, je devrais te connaître.

Being est ici l'équivalent de **as I am** = *comme je suis.*

1.3. *L'adjectif verbal*

Il s'emploie comme adjectif épithète ou attribut :

This is an interesting story.
C'est une histoire intéressante.
His story was quite interesting.
Son histoire était très intéressante.

1.4. *La forme en* -ing (dite progressive ou continue) : rappel des principaux effets de sens

- **Water boils at 100° C.**
  L'eau bout à 100° C.
  Listen ! the water is boiling !
  Écoute ! L'eau bout !
- **He works in a computer centre.**
  Il travaille dans un centre d'informatique.
  He is working in his office. (Au moment où l'on parle, il est en train de travailler.)
  Il travaille dans son bureau.
- **Look ! I've washed the car !**
  Regardez ! j'ai lavé la voiture !
  Look ! I've been washing the car !
  Vous voyez, j'ai lavé la voiture !

- **What do you drink usually ?**
  Que buvez-vous d'habitude ?
  What are you drinking ?
  Que buvez-vous ? (en ce moment ou avec un sens futur)
  Que boirez (prendrez)-vous ?
- **I was working in my garden when the Stones arrived with their children.**
  Je travaillais (j'étais en train de travailler) dans mon jardin quand les Stone sont arrivés avec leurs enfants.
- **I had been working for a couple of hours when I realized that there was something wrong.**
  Je travaillais depuis deux heures quand je compris que quelque chose n'allait pas.
- **He is always losing his keys.**
  Il perd tout le temps ses clés.
  He's lost his keys.
  Il a perdu ses clés.
- **He is silly.**
  Il est idiot.
  He is being silly.
  Il fait l'imbécile.

En plus de la traditionnelle distinction entre constatation de portée générale (*l'eau bout à 100° C,* **water boils at 100° C**) et fait en train de se produire (**the water is boiling,** *l'eau bout* = est en train de bouillir), les exemples ci-dessus font apparaître une autre caractéristique de la forme en **-ing :** elle est centrée sur le sujet en situation, et insiste sur son implication dans l'action, alors que la forme simple ne fait qu'énoncer un fait, une relation ou un résultat vus de l'extérieur.

1.5. ***La forme en -ing peut indiquer une action future*** :

What are you drinking ? *Que boirez-vous ?*

et notamment une action future prévue :

I am leaving tomorrow. *Je pars demain.*

1.6. ***Le nom verbal*** (en anglais **gerund**, *gérondif*)

a) Formation

Également formé en ajoutant **-ing** à l'infinitif sans **to,** il a à la fois les caractéristiques d'un nom (il peut être sujet ou complément, être précédé d'un adjectif possessif, etc.) et d'un verbe (il peut avoir un complément d'objet direct) :

Her leaving him so quickly does not surprise me.
Le fait qu'elle l'ait quitté si vite ne me surprend pas.
I'm not against meeting them.
Je ne suis pas contre le fait de les rencontrer.

b) ***Remarques***

• Notez l'équivalence :
possessif + **-ing** = pronom sujet + verbe
his smoking = he smokes
C'est pourquoi le possessif n'est pas utilisé lorsque le sujet est déjà mentionné :

I like singing. *J'aime chanter.*
John likes singing. *John aime chanter.*

Mais :

I don't like his singing.
Je n'aime pas sa façon de chanter (ou : *le fait qu'il chante*).

• Notez la différence entre :

This book is not worth reading.
Ce livre ne vaut pas la peine qu'on le lise (d'être lu).

et :

This book is not worth your reading.
Ce livre ne vaut pas la peine que vous le lisiez.

• Il peut y avoir différence de sens selon que la forme en **-ing** est précédée du possessif ou du pronom complément :

I didn't see him drawing. (**drawing** = participe présent)
Je ne l'ai pas vu en train de dessiner.
I didn't see his drawing. (**drawing** = nom verbal)
Je n'ai pas vu ce qu'il a dessiné (son dessin).

1.6. ***Le nom verbal*** (suite)

c) Cette formation de noms à partir de verbes donne à l'anglais une grande souplesse, puisque tout verbe peut ainsi être « nominalisé ».

• Il existera souvent pour la même notion deux mots de sens à peu près identique (la forme en **-ing** d'origine germanique donnant un caractère plus pratique, moins abstrait, davantage "en situation").

to implement, *mettre en œuvre, appliquer*
implementing, *mise en œuvre, application*

coexiste avec :

implementation (forme de substantif verbal d'origine latine), *mise en œuvre, application*

• De même :

to distribute, *distribuer*
distributing, *fait de distribuer*
distribution, *distribution*

• Le sens pourra aussi être radicalement différent :

to explain, *expliquer*
explaining, *fait d'expliquer*
explanation, *explication*
to think, *penser*
thinking, *fait de penser, façon de penser*
thought, *pensée*
to sell, *vendre*
selling, *vente* (fait de vendre, activité de vente)
sale, *vente* (transaction entre acheteur et vendeur)

• Dans bien des cas, il n'y aura en anglais qu'un seul nom, tiré de la forme verbale :

to cycle, *faire du vélo*
→ **cycling,** *le cyclisme*
to train, *former, éduquer*
→ **training,** *formation*

d) Une préposition peut être suivie d'un nom verbal :

before coming, *avant de venir*

She's tired of driving. *Elle est fatiguée de conduire.*

Il en va de même de **to be used** [ju:sd] **to,** *avoir l'habitude de :*

I'm used to it. *J'y suis habitué.*

I'm used to driving by night.

J'ai l'habitude de { *conduire la nuit.* / *la conduite de nuit.* }

Ne pas confondre avec :

I used [ju:st] **to drive by night.** *Je conduisais la nuit.*

e) Certains verbes et certaines expressions sont suivies de la forme en **-ing.**

Avec certains verbes, c'est la seule forme possible pour le verbe qui les suit. Ainsi **to enjoy** (*prendre plaisir à, apprécier*), **to avoid** (*éviter*), **to keep** (*ne pas cesser de, continuer de*), **to risk** (*risquer*).

Prices keep increasing. *Les prix ne cessent de monter.*

f) Il en est de même pour les expressions :

I don't mind, *cela ne me dérange pas*

Do you mind ?, *est-ce-que cela vous dérange ?*

I can't help, *je ne peux pas m'empêcher de…*

it is worth, *cela vaut la peine de…*

it's no use, *cela ne sert à rien (de…)*

g) Certains autres verbes sont tantôt suivis de la forme en **-ing,** tantôt de l'infinitif avec **to,** selon le sens. C'est le cas de : **to like,** *aimer (bien),* **to stop,** *arrêter,* **to remember,** *se rappeler.*

En général, l'infinitif avec **to** indique dans ce cas une action future ou hypothétique.

• Comparez :

I like travelling, *j'aime voyager*

et **I'd like to travel to the United States.**

J'aimerais aller aux États-Unis.

I remember seeing him. *Je me souviens (de) l'avoir vu.*

et **Remember to call me tomorrow.**

Souviens-toi de m'appeler demain.

He stopped talking. *Il cessa de parler.*

et **He stopped to talk to his neighbour.**

Il s'arrêta pour parler à son voisin.

1.6. ***Le nom verbal*** (suite)

h) Les verbes de perception (**to see**, *voir*, **to hear**, *entendre*, etc.) peuvent être suivis d'un nom ou d'un pronom + forme en **-ing**.

I heard him coming.
Je l'ai entendu venir (alors qu'il venait).
We saw Bob running.
Nous avons vu courir Bob.

Mais ils peuvent aussi être suivis de l'infinitif sans **to** (à l'actif)

I heard him come.
We saw Bob run out.
Nous avons vu Bob sortir en courant.

➡ L'infinitif sans **to** (à l'actif) indique qu'il s'agit d'une action ponctuelle ou perçue dans sa totalité.

i) Cas de **to mind**

La forme en **-ing** qui suit **to mind** est un nom verbal et peut donc avoir un ou plusieurs compléments :

Do you mind lending me your car ?
Cela vous dérange-t-il de me prêter votre voiture ?

• Elle peut être précédée d'un adjectif possessif :

Do you mind my borrowing your car ?
Voyez-vous un inconvénient à ce que j'emprunte votre voiture ?

C'est la construction classique, considérée comme la plus correcte : la forme en **-ing** étant un nom verbal, il est normal de la faire précéder d'un adjectif possessif. Mais en anglais parlé, on entendra souvent :

Do you mind me borrowing your car ?

comme si la forme en **-ing** était un participe présent (« moi empruntant »).

• De même, avec un nom, on trouvera en anglais moderne :

Do you mind John borrowing your car ?
Est-ce-que cela vous dérange que John emprunte votre voiture ?
I don't mind your brother borrowing my car.
Ça ne me dérange pas que votre frère emprunte ma voiture.

Plutôt que

Do you mind John's borrowing your car ?

ou

I don't mind your brother's borrowing my car.

formules considérées comme vieillies ou trop recherchées.

➡ ***Notez :*** on trouve aussi la construction :

Do you mind if I borrow your car ?
Cela vous dérange-t-il si je vous emprunte votre voiture ?

2. L'infinitif

2.1. En anglais, l'infinitif du verbe est traditionnellement présenté sous la forme complète (= **to** + verbe) : **to be,** *être ;* **to go,** *aller ;* mais la base verbale, ou infinitif sans **to,** peut s'employer seule.

2.2. L'infinitif peut être sujet :

To travel in winter is not always easy.
Voyager en hiver n'est pas toujours facile.

Dans de tels cas, son emploi peut être comparé à celui du nom verbal (en **-ing**) :

Travelling in winter is not always easy.

On peut choisir l'une ou l'autre de ces formes, mais lorsque l'on fait référence à un sujet précis, il faut employer l'infinitif :

To refuse invitation is not always easy.
Il n'est pas toujours facile de refuser une invitation.

Mais ➡ :

I must go to Jane's party. I have been invited.
To refuse was impossible (= **it was impossible for me to refuse**).
Il faut que j'aille à la réception de Jane. J'ai été invité. Il était impossible de refuser (= il m'était impossible).

2.3. ***Remarque :*** Distinguer cet emploi de l'infinitif sujet de verbe des cas où **to** = **in order to, so as to** (*pour, afin de, de façon à*).

To fish you need a rod and a hook.
Pour pêcher, il faut une gaule et un hameçon.

2.4. Distinguer **to,** marque de l'infinitif, de la préposition **to** :

I don't want to spend my holidays there.
Je ne veux pas y passer mes vacances.
I'm looking forward to spending my holidays there.
Je me réjouis à l'idée d'y passer mes vacances.

➡ Dans le deuxième exemple, **to** est préposition, comme on peut le vérifier en la faisant suivre d'un nom ou d'un pronom :

I'm looking forward { **to my holidays.** / **to it.** }
Je me réjouis à l'idée de mes vacances. Je m'en réjouis.

2.5. Le « **split-infinitive** » ou *infinitif éclaté* consiste à introduire un adverbe entre **to** et le verbe à l'infinitif.

To accurately assess the situation
Évaluer la situation avec précision

2.6. La proposition infinitive :

• Le verbe **to want,** *vouloir,* n'est jamais suivi de **that** (*que*) mais d'un nom (ou d'un pronom) qui est à la fois complément de **to want** et sujet du verbe qui suit :

I want him to come. *Je veux qu'il vienne.*
We don't want her to be late.
Ne ne voulons pas qu'elle soit en retard.

➡ Même construction avec **I'd like :**

I'd like them to come. *J'aimerais qu'ils viennent.*

et des verbes comme **to expect** (*s'attendre à*), etc.
Le sujet de cet infinitif est à la forme complément lorsqu'il s'agit d'un pronom personnel.
Cette construction se nomme "proposition infinitive".

➡ L'infinitif peut être complément d'un autre verbe :

I want to go away. *Je veux m'en aller.*

2.7. ***Principaux emplois de l'infinitif sans* to**

a) Les modaux (voir p. 67) : **can, must, may, will, shall.**

b) **To let :**

• soit qu'il aide à former à l'impératif :

Let us go. *Allons(-y).*

• soit qu'il ait le sens de *laisser :*

I won't let him do it.
Je ne le laisserai pas le faire.

c) **To make :**

I'll make you understand.
Je vous ferai comprendre.
They made them open their bags.
Ils leur ont fait ouvrir leurs sacs.

d) **To have :** au sens de *faire faire, d'obliger quelqu'un à faire quelque chose :*

I'll have them repair it.

Je le leur ferai réparer/je les obligerai à le réparer.

(voir p. 61 pour le passif)

e) Les verbes de perception, en particulier **to see** et **to hear :**

I heard him come. *Je l'ai entendu venir.*

I saw him go. *Je l'ai vu partir.*

• Ces verbes peuvent aussi se construire avec une forme en **-ing :**

I saw Mary approaching.

J'ai vu Mary s'approcher.

• Attention : au passif, l'infinitif avec **to** réapparaît :

He was heard to leave.

On l'a entendu partir.

She was seen to approach.

On l'a vue s'approcher.

They were made to open their bags.

On leur a fait ouvrir leur sac.

(voir p. 61 pour le passif)

f) Les expressions **I'd rather (I had rather, I would rather),** *j'aimerais mieux,* et **I'd better (I had better),** *je ferais mieux de,* lorsque leur sujet est également sujet du verbe qui suit :

You'd better hurry.

Vous feriez mieux de vous presser.

I'd rather wait.

J'aime mieux attendre.

g) **Why,** lorsque la question ne précise pas de sujet, sera aussi suivi de l'infinitif sans **to :**

Why do it tomorrow ?

Pourquoi le faire demain ?

Why not do it today ?

Pourquoi ne pas le faire aujourd'hui ?

• **ATTENTION** : les autres interrogatifs se construisent avec l'infinitif complet.

3. La voix passive

3.1. Elle se forme avec le verbe **to be** au temps voulu et un verbe au participe passé :

Il est envoyé par le directeur.

He is sent by the manager.

Les joueurs seront sélectionnés par l'entraîneur.

The players will be selected by the coach.

3.2. Le passif est d'un emploi plus fréquent en anglais qu'en français. Le complément d'agent est introduit par **by.**
On trouve également des passifs avec **with** introduisant un complément de moyen :

The road was lined with trees.

La route était bordée d'arbres.

The garden will be planted with roses.

Le jardin sera planté de roses.

3.3. En anglais, lorsqu'un verbe a un complément de personne et un complément d'objet :

They sent me a book.

Ils m'ont envoyé un livre.

➡ chacun de ces compléments peut devenir le sujet d'une voix passive :

I was sent a book (by them)

A book was sent to me (by them).

3.4. La voix passive anglaise correspond souvent au français *on* dans des tournures du genre :

I was offered a tie. *On m'a offert une cravate.*

I have been told (that)...
I was told (that)... } *On m'a dit que...*

3.5. <u>En anglais, la voix passive peut s'employer avec des verbes dont le complément est introduit par une préposition</u> :

They laughed at me. [lɑːft/*la:ft*]

Ils se sont moqués de moi.

I was laughed at.

On s'est moqué de moi.

This bed has been slept in.

Quelqu'un a dormi dans ce lit.

➡ Cette construction permet, en anglais, de ne pas faire état du sujet actif (ici la personne qui a dormi dans le lit).

3.6. <u>Certains verbes anglais à la forme active peuvent avoir un sens passif</u>, que le français rend par une forme pronominale (voir p. 59, e) :

It sells like hot cakes.

Ça se vend comme des petits pains.

It reads well. *Ça se lit bien.*

3.7. <u>Le passage d'un verbe au passif peut entraîner une modification de sa construction</u>. C'est ainsi que l'infinitif sans **to** suivant un verbe actif est remplacé par un infinitif complet (voir p. 59, e).

→ **They made her open her suitcase.**

→ *Ils lui firent ouvrir sa valise.*

→ **She was made to open her suitcase.**

→ *On lui fit* (elle fut obligée d') *ouvrir sa valise.*

→ **They saw him jump.** *Il le virent sauter.*

→ **He was seen to jump.** *On le vit sauter.*

3.8. <u>Après un verbe déclaratif ou d'opinion au passif</u>, on trouvera également <u>l'infinitif complet</u> ayant le même sujet que le verbe passif ; on obtiendra ainsi, à partir de :

They say that <u>he</u> is a good manager.

Ils disent que c'est un bon gestionnaire.

<u>He</u> is said to be a good manager.

On dit que c'est un bon gestionnaire.

à côté de :

It is said that he is a good manager.

3.9. Notez également le passif formé avec **get** (p. 30).

4. La forme fréquentative

4.1. Elle indique la répétition d'une action dans le passé :

I used to see him everyday.

Je le voyais tous les jours.

Pour une répétition moins systématique et dépendant davantage du sujet, on emploie **would :**

He would often come and see me.

Il venait souvent me voir.

• ***Attention :*** la forme **used to** ne peut s'employer qu'au passé ; au présent, on dira pour traduire la même notion d'habitude :

I usually see him on Mondays.

D'habitude, je le vois le lundi.

4.2. La forme **used to** sert aussi à opposer un passé révolu (et que l'on regrette en général) au présent :

Things are not what they used to be.

Les choses ne sont plus ce qu'elles étaient.

C'est là en fait l'emploi le plus fréquent de **used to.**

• Autres exemples :

I used to see him everyday. Now we hardly meet once a year.

Dans le temps je le voyais tous les jours. Maintenant nous nous voyons à peine une fois par an.

There used to be a school in every village. Now children have to travel long distances.

Jadis il y avait une école dans chaque village. Aujourd'hui, les enfants doivent faire beaucoup de chemin.

4.3. Il existe une forme fréquentative du présent, avec **will**.

He will occasionally come and see me.

Il vient me voir de temps en temps.

They danced all night, as young people will.

Ils dansèrent toute la nuit, comme le font les jeunes.

➡ Son emploi est rare, et plutôt limité à des formules de type proverbial :

Boys will be boys. *Les garçons seront toujours des garçons.*

LES MODES

1. *L'impératif*

1.1. Formation

• À la 2e personne (singulier ou pluriel), la forme est celle de l'infinitif sans **to :**

Go ! *Va !* ou *Allez !*

Stay ! *Reste !* ou *Restez !*

• Aux autres personnes – et notamment à la 1re personne du pluriel, la plus employée – on utilise **to let** (*laisser* au sens de laisser faire quelque chose) suivi du pronom personnel complément et de l'infinitif sans **to.**

Let us go ! (contracté en **let's go**) *Allons !*
Let me go ! *que j'aille !*
Let him go ! *qu'il aille !*
Let her go ! *qu'elle aille !*
Let them go ! *qu'ils aillent !*

Let the polluters pay for the damage !
Que les pollueurs paient les dégâts !

1.2. Forme négative

• 2e personne singulier et pluriel :

do not go ! (contracté en **don't**) *ne va pas ! n'allez pas !*

• 1re personne du pluriel :

Let us not go → let's not go ! *N'allons pas !*

Let them not do it ! *Qu'ils ne le fassent pas !*

➡ Notez également la forme :

Don't let them do it ! *Qu'ils ne le fassent pas !*

ou ce qui revient au même, *Ne les laissez pas le faire !*

➡ Il existe un impératif emphatique avec **to do :**

Do take a seat ! *Prenez donc un siège !*

Do be seated ! *Asseyez-vous donc ! !*

2. *Le conditionnel*

2.1. Formation

- Se forme avec l'auxiliaire **would** à toutes les personnes.
- Attention à la prononciation [wʊd/*woud*], le **l** n'est pas prononcé.

I would take	*je prendrais*
you would take	*tu prendrais*
he, she, it would take	*il, elle, cela prendrait*
we would take	*nous prendrions*
you would take	*vous prendriez*
they would take	*ils prendraient*

- Contraction

I'd take	**we'd take**
You'd take	**you'd take**
he'd, she'd, it'd take	**they'd take**

- Forme négative : **I would not take**
  Contraction : **I wouldn't take**
- Forme interrogative : **would you take ?**
- Forme interro-négative : **wouldn't you take ?**

2.2. Conditionnel passé : **would** + **have** + participe passé

J'aurais aimé **I would have liked**
contracté en **I'd have liked**
ou en **I would've liked**

- Forme négative : **I would not have liked**
  contracté en **I wouldn't have liked**
- Interrogative : **would you have liked ?**
- Interro-négative : **wouldn't you have liked ?**

2.3. **Might** et **could** (v. p. 68, 69) peuvent s'employer comme auxiliaires du conditionnel, et du conditionnel passé.

Might exprime la notion de probabilité ; **could** exprime la notion de possibilité ou capacité.

> **He might come if he had time.**
> *Il se pourrait qu'il vienne s'il avait le temps.*
> **He could buy it if he had enough money.**
> *Il pourait l'acheter s'il avait assez d'argent.*

3. *Le subjonctif*

3.1. Il est peu fréquent en anglais : alors que de nombreuses conjonctions françaises appellent le subjonctif, leurs équivalents anglais sont suivis de l'indicatif.

Before he goes, *avant qu'il (ne) parte*
although it is late, *bien qu'il soit tard*
as far as I know, *autant que je (le) sache*
until she answers, *jusqu'à ce qu'elle réponde*

• Des constructions comme *je veux qu'il vienne, j'aimerais qu'elle réponde,* utilise en anglais l'infinitif :

I want him to come
I would } **like her to answer**
I'd }

• De même :

Il est trop tard pour que nous téléphonions

donnera :

It is too late for us to phone.

3.2. Formation

• L'expression du subjonctif par des formes spécifiques existe bien en anglais. On trouve le subjonctif dit « simple » (même forme que l'infinitif sans **to** à toutes les personnes, pas de **s** à la 3e personne du singulier) :

• En anglais britannique, cette forme est fréquente dans des documents administratifs et juridiques. Mais elle est courante en américain usuel :

It is necessary that she attend the meeting.
Il est nécessaire qu'elle assiste à la réunion.
He ordered that they be released.
Il a donné l'ordre de les relâcher (qu'ils soient relâchés).
He agreed to speak, on condition that he not be identified.
Il a accepté de parler, à condition de ne pas être identifié.

➡ ***Remarque importante :*** notez la place de la négation et l'absence de **do** à la forme négative du subjonctif simple.

He suggested that they not go back home.
Il suggéra qu'ils ne rentrent pas chez eux.

3.3. L'anglais britannique préfère une autre forme, construite avec **should** + infinitif sans **to**. Prononcé [ʃʊd/*choud*].

It is necessary that he should come.
Il est nécessaire qu'il vienne.
He ordered that they should be released.
Il ordonna de les relâcher (qu'ils soient relâchés).
The instructions were that we should not attend.
Les instructions étaient que nous n'(y) assistions pas.

3.4. Emploi

En anglais, le subjonctif est employé notamment après les verbes exprimant un ordre, un commandement, une recommandation, un conseil, une suggestion… (**to order, to demand, to require, to determine, to decide, to advise, to propose, to suggest…**).

They suggested that he should come early/that he come early.
Ils ont suggéré qu'il vienne de bonne heure.

3.5. Le subjonctif s'emploie aussi après des expressions formées de **it is** + adjectif exprimant un jugement de locuteur (ou après des expressions équivalentes) :

It is scandalous } **that he should be free.**
It is a scandal } **that he be free.**
C'est un scandale qu'il soit libre.

ou après **for fear that** et **lest** (*de peur que, de crainte que*).

3.6. Le subjonctif simple s'emploie pour exprimer un souhait, un vœu :

God save the Queen ! *Dieu sauve la Reine !*
God bless you ! *Dieu vous bénisse !*

3.7. Il existe un subjonctif imparfait de **to be** qui est **were** à toutes les personnes.

On l'emploie pour exprimer qq chose d'irréel, avec **if** *(si)*, **as though** *(comme si)*, etc.

If I were you. *Si j'étais à votre place.*
He spends money as though he were a millionnaire.
Il dépense l'argent comme s'il était millionnaire.

• On peut cependant rencontrer **was,** dans ces cas, à la 1re et 3e personnes du singulier.

08 LES MODAUX

Appelés naguère « défectifs », car certaines formes leur font défaut, aujourd'hui "modaux", car ils correspondent à une certaine modalité de l'action (pouvoir, obligation, permission, etc.).
Ce sont : **can, may, must, shall, will, need, dare, ought to.** Leurs principales caractéristiques sont les suivantes :

- ***pas d'infinitif***

➡ pas de futur ou de conditionnel puisque ces derniers sont formés en utilisant l'infinitif sans **to** (**you will <u>be</u>, they would <u>take</u>** etc.).

- ***pas de* s *à la 3ᵉ personne du singulier du présent :***
he must, she can, it may.
- ***pas de participe passé***

➡ pas de **present-perfect** ni de **pluperfect** (*passé composé* et *plus-que-parfait*) puisque ces derniers se construisent en utilisant le participe passé (**I have <u>been</u>, we had <u>taken</u>**).

- ***pas de participe présent*** ou de forme en **-ing**

pas de forme continue ou progressive, pas de nom verbal.

- ***pas de* do *aux formes interrogatives, négatives et interro-négatives***

can you ?	*pouvez-vous ?*
may I ?	*puis-je ?*
you must not (mustn't)	*vous ne devez pas*
can't he ?	*ne peut-il pas ?*

- ***pas de* to *pour introduire le verbe qui suit***

Can you do it ?	*Pouvez-vous le faire ?*
May I come in ?	*Puis-je entrer ?*
You mustn't eat it	*Vous ne devez pas le manger.*
Can't you phone tomorrow ?	
Ne pouvez-vous pas téléphoner demain ?	

1. Can, *pouvoir,* indique une possibilité physique, ou qui ne dépend que du sujet.

I can carry it. *Je peux le porter.*
We can see him tomorrow. *Nous pouvons le voir demain.*

1.1. ***<u>Forme négative du présent</u> :*** **cannot** (en un seul mot), contracté en **can't,** [kɑːnt] GB, [kænt] US.

1.2. Prétérit : **could** [kʊd/*koud*]

1.3. To be able to
Aux temps et formes qui lui manquent, **I can** est remplacé par son « équivalent » **to be able to** (**I am able to** + infinitif *je suis capable de*).

He had been able to do it. *Il avait pu le faire.*
They will be able to repair it. *Ils pourront le réparer.*

Notez cependant que dans la pratique, on pourra souvent employer **can** avec un sens futur :

I'm sure he can do it.
Je suis sûr qu'il pourra le faire.

1.4. Différence d'emploi entre **can** et **to be able**
Notez la différence de sens dans les exemples suivants :

He was not able to convince me.
Il n'a pas pu me convaincre = Il n'a pas réussi à me convaincre.

La phrase indique l'échec d'un effort, d'une intention, d'une visée, peut-être par manque de chaleur ou par maladresse, c'est-à-dire en fonction d'un comportement humain.

His arguments could not convince me.
Ses arguments n'ont pas pu me convaincre.

La phrase indique un résultat négatif en raison de l'insuffisance factuelle des arguments.

• Comparez aussi :

They could not reach the village because the bridge had been blown up.
Ils ne pouvaient pas atteindre le village car le pont avait été détruit (il s'agit d'une impossibilité matérielle).
They were not able to reach the village before the night.
Ils ne purent pas atteindre le village avant la nuit (ils ont essayé, ils en avaient l'intention, mais leurs efforts ont échoué).

1.5. Can est utilisé naturellement avec les verbes de perception :

Can you see the poster ?
Voyez-vous l'affiche ?
Can you hear me ?
M'entends-tu ?

1.6. Can a aussi le sens de *savoir* quand ce verbe indique une aptitude à pratiquer :

Can you drive ? *Savez-vous conduire ?*
Can she swim ? *Sait-elle nager ?*
They can't speak English.
Ils ne savent pas parler anglais.
He can't read. *Il ne sait pas lire.*

2. May, *pouvoir*, indique l'autorisation, le droit :

You may do as you like.
Vous pouvez faire comme vous voulez.
May I leave now ? *Puis-je partir maintenant ?*

ou l'éventualité, la probabilité :

It may rain. *Il se peut qu'il pleuve.*
She may decide to sell it.
Il se peut qu'elle décide de le vendre.
Elle peut (probabilité) *décider de le vendre.*

2.1. Prétérit : **might** [maɪt/*maït*]
Surtout employé avec un sens subjonctif :

I sent him some money so that he might come.
Je lui ai envoyé de l'argent pour qu'il puisse venir.

ou pour indiquer une éventualité moins probable que celle indiquée par **may** :

It might rain. *Il se pourrait qu'il pleuve.*

2.2. Lorsqu'il s'agit simplement d'exprimer au passé l'idée d'autorisation, il est remplacé par l'équivalent de **may : to be allowed,** *être autorisé.*

I was not allowed to stay. *Je n'ai pas eu le droit de rester.*

2.3. ***Remarques :*** la politesse traditionnelle exige que l'on emploie **may** dans des expressions comme *Puis-je sortir ?*, dans le cas par exemple d'un enfant demandant une autorisation.

May I go out ? reste bien entendu le bon usage, mais
Can I go out ? est fréquemment entendu dans ce sens.

2.4. Lorsqu'il indique une éventualité future, **may** peut être employé au présent avec un sens futur :

It may rain tomorrow.
(= **It will perhaps rain tomorrow, May be it'll rain tomorrow.**)
Il pleuvra peut-être demain.

- Pour traduire *j'ai pu le rencontrer, il se peut que je l'aie rencontré*, avec un sens dubitatif, on peut avoir **I may have met him.** (Comme **may** n'a pas de participe passé – à la différence de *pouvoir* en français qui donne *pu* – on utilise l'infinitif passé **have met ;** ce qui donne en mot à mot "je peux l'avoir rencontré").

  It may be true. *C'est peut-être vrai, cela peut être vrai.* (je ne sais pas si c'est vrai ou non).

➡ Notez que les défectifs **can** et **may** peuvent s'employer au conditionnel :

I could } + inf. sans **to** *je pourrais* + verbe
I might }

he could phone *il pourrait téléphoner* (il en aurait la possibilité)

he might phone *il pourrait téléphoner* (il se pourrait qu'il...)

• Ils permettent d'exprimer le conditionnel passé :

I could } **have** + p.p. *j'aurais pu* + verbe
I might }

he could have phoned *il aurait pu téléphoner* (possibilité matérielle)

he might have phoned *il aurait pu téléphoner* (il aurait pu se faire qu'il...)

3. **Must**, *devoir*, indique une obligation, soit imposée de l'extérieur :

you must come, *vous devez venir*

soit perçue comme un besoin ou une nécessité personnelle :

My own view is that I must do it.
Ma propre conviction est que je dois le faire.

➡ **Must** sera souvent traduit par le français *falloir*. Ainsi les exemples précédents pourraient être traduits par : *il faut que vous veniez* et *Ma propre conviction est qu'il faut que je le fasse.* La contraction de la forme négative **must not** est **mustn't.**

3.1. Le prétérit **must** existe, mais est d'un emploi plutôt rare, dans les subordonnées ou pour exprimer la certitude.

He realized that that was what he must do.
Il comprit que c'était ce qu'il devait faire.

3.2. Aux temps et formes qui lui manquent, **must** est remplacé par son équivalent **to have to.**

To have to indique souvent une contrainte, une nécessité qui s'impose au sujet :

I know I must do it, but I'll only do it if I have to.
Je sais que je dois le faire mais je ne le ferai que si c'est nécessaire (s'il faut que je le fasse).

➡ ***Remarques :***

• **To have to** est considéré comme un verbe ordinaire (et non comme l'auxiliaire **to have**) et se conjugue avec l'auxiliaire **to do.**

You don't have to buy it now.
Vous n'êtes pas obligé de l'acheter maintenant.

• Notez la différence entre l'interdiction qu'implique :

You must not do it.
Vous ne devez pas le faire.
(il ne faut pas que vous le fassiez)

et l'absence d'obligation qu'indique :

You don't have to do it. *Vous n'êtes pas obligés de le faire.*

ou

You needn't do it. *Il n'y a pas lieu de le faire.* (voir p. 73)

3.3. Il existe un substantif **must** :

It's a must.
C'est une obligation.
(C'est quelque chose qu'il faut faire, ou voir, ou ne pas manquer, etc.)

3.4. **Must** permet d'exprimer la certitude de celui qui parle.

You must be right = I'm sure you are right.
Vous devez avoir raison = je suis certain que vous avez raison.

3.5. **must + have +** *participe passé* peut traduire la vraisemblance, la probabilité quasi certaine, comme le français *j'ai dû.*

I must have lost it.
J'ai dû le perdre (mot à mot *je dois l'avoir perdu*).

Constatez que dans cette structure l'anglais fait exprimer l'idée de passé par l'infinitif (**to have lost,** *avoir perdu,* infinitif passé) puisque **must,** lui, n'a pas de participe passé.

3.6. **Must** n'ayant pas de conditionnel il faut faire appel à son équivalent **to have to : I would have to** + inf.

Je devrais (il faudrait que je) + verbe
If she needed it, I would have to buy it.
Si elle en avait besoin, il faudrait que je l'achète.

➡ Pour rendre le conditionnel passé (*j'aurai dû, il aurait fallu que...*) on aura : **I would have had to** + infinitif.

If they had come, I would have had to wait for them.
S'ils étaient venus, j'aurais dû les attendre
(= *il aurait fallu que je les attende*).

• De même :

You should have come, you know.
Tu aurais dû venir, tu sais.
If he had asked you, you would have had to come.
S'il te l'avais demandé, tu aurais dû venir
(= *il aurait fallu que tu viennes*).

3.7. <u>to have to</u> et <u>to be to</u>

• Distinguer entre **to have to** (*devoir,* indiquant une obligation) et **to be to** (*devoir,* indiquant que quelque chose a été convenu).

I have to see her tomorrow.
Il faut que je la voie demain.
I am to see her tomorrow.
Je dois la voir demain (= il est prévu que...).

3.8. *<u>Degrés de certitude et d'incertitude</u>*

• ***Certitude***

a) ***Certitude positive :***

It must be true.
Je suis certain que c'est vrai.
Nessie must be a diplodocus.
Nessie (le monstre du Loch Ness) *doit être un diplodocus.*
(= je suis certain que)
Pourrait être remplacé par :
I'm certain that...

b) ***Certitude négative :***

It can't be true.
Ça ne peut être vrai. (je suis certain que ce n'est pas vrai).
Nessie can't be a whale.
Nessie ne peut pas être une baleine.

• ***Non certitude :***

He might come.
Il se pourrait qu'il vienne. (ce n'est pas impossible, mais j'en doute).
It may be true.
C'est peut-être vrai, cela peut être vrai. (je ne sais pas si c'est vrai ou non).

4. **Need** : *avoir besoin.* Prétérit : **needed ;** participe passé : **needed.**
Fonctionne tantôt comme un verbe ordinaire :

He needs money. *Il a besoin d'argent.*

tantôt (surtout à la forme négative) comme un défectif :

You needn't tell them.
Vous n'avez pas besoin de leur en parler, ce n'est pas la peine de leur en parler.

4.1. ***Remarque*** – Notez la différence entre :

You must not tell them.
Il ne faut pas que vous leur en parliez.

et

You need not tell them.
Ce n'est pas la peine de leur en parler.

➡ On peut résumer ainsi :
- obligation de faire quelque chose : **must**
- obligation de ne pas faire quelque chose : **must not**
- non-obligation : **need not.**

4.2. Notez aussi la différence entre :

He did not need to wait for me.
Il n'avait pas besoin de m'attendre
(= **he did not wait,** *il n'a pas attendu*).

et

He need not have waited for me.
Il n'avait pas à m'attendre
(= **he waited,** *il a attendu*).

Cette expression est proche de :

He shouldn't have waited for me.
Il n'aurait pas dû m'attendre.

5. **Dare**, *oser,* fonctionne tantôt comme verbe ordinaire :

What she dares on such occasions is surprising.
Ce qu'elle ose (faire) en de telles circonstances est surprenant.
tantôt comme défectif :

I'm sure he dare not do it.
Je suis sûre qu'il n'ose pas le faire.

➡ Seul **dare** est possible à la forme interrogative :

Dare she tell him that ?
Ose-t-elle lui dire ça ?
Prétérit et participe passé : **dared.**

Au prétérit négatif, on aura :

I didn't dare ask him.
Je n'ai pas osé lui demander.

- Attention : il existe un verbe "ordinaire" et régulier, **to dare,** *défier.*

I dare you to do it.
Je te défie de le faire.
I dare you ! *Chiche !*

L'expression **I daresay** signifie **probably.**

6. **Shall** et **will**, sont les auxiliaires employés pour former le futur (voir p. 41).

Will est également employé pour construire la forme fréquentative (voir p. 62).

Il faut remarquer que **will** garde parfois son sens d'origine *vouloir.* **I will,** dit-on quand on se marie. Ce n'est pas un futur. De même dans une question comme :

Will you do that for me ?
Voulez-vous faire cela pour moi ?

7. **Should : I should,** *je devrais* exprime l'idée d'un conseil, d'une recommandation, de ce qui se fait normalement dans une situation donnée :

You should read a few books in English.
Vous devriez lire quelques livres en anglais.
I should have phoned.
J'aurais dû téléphoner. (mais je ne l'ai pas fait)

(Comme **should** n'a pas de participe passé, on utilise l'infinitif passé : mot à mot, *je devrais avoir téléphoné.*)

7.1. **Should** ne s'emploie que pour former le subjonctif. Voir p. 66.

7.2. **Ought to : I ought to,** *je devrais,* indique une obligation morale plus forte que **should**

I should know : *je devrais savoir* (en principe).
I ought to know : *je devrais le savoir* ("je suis payé pour le savoir").

8. **Would :** principalement utilisé comme auxiliaire du conditionnel à toutes les personnes.

I would go if I could. *J'irais si je le pouvais.*
They would agree. *Ils seraient d'accord.*

S'utilise pour la forme fréquentative qui indique une habitude ou une répétition dans le passé (voir p. 62) :

He would visit us on Mondays.
Il nous rendait (habituellement) *visite le lundi.*

- **Would** se contracte en **'d :**
  I'd go if I could. *J'irais si je le pouvais.*
  He'd visit us on Mondays. *Il nous rendait visite le lundi.*
- **Would** garde parfois le sens de *vouloir.*
  They told him to move but he wouldn't.
  Ils lui dirent de circuler, mais il refusa.

9. Should et would

Should renvoie à la norme, à ce qui se fait normalement dans une situation ou un milieu donnés, sans qu'il y ait contrainte (d'où des effets de sens comme le conseil : **You should be more careful.** *Vous devriez faire plus attention.*) Il se distingue donc très nettement de **would,** conditionnel, fréquentatif, ou exprimant la volonté.

I should do it.
Je devrais le faire.
I would do it if I could.
Je le ferais si je le pouvais.
You shouldn't say that.
Vous ne devriez pas dire cela.
I wouldn't say that.
Je ne dirais pas cela (si j'avais à m'exprimer, compte tenu de mon analyse de la situation).

- Notez la différence entre :
  You should come, you know (conseil donné)
  Tu devrais venir, tu sais.

et

If he asked you, you would have to come (conditionnel).
S'il te le demandait, tu devrais venir (= *il faudrait que tu viennes*)

- Attention : à la différence de **would, should** ne se contracte pas à la forme affirmative

10. 'd rather <u>**(would rather)**</u> **:** cette expression qui permet d'exprimer la préférence (de même que **'d sooner** = **would sooner**) se construit de deux manières :

a) **I'd rather stay.** *Je préfèrerais rester.*
Le pronom **I** est sujet de **'d rather** et du verbe qui suit (notez l'infinitif sans **to**).

b) **I'd rather you left.** *Je préfèrerais que vous partiez.*
Le verbe au prétérit modal dont le sujet est différent de celui de **'d rather** exprime "l'irréel du présent", par rapport à la réalité de la situation présente. La réalité, c'est que vous ne partez pas (ou que vous n'êtes pas parti), mais moi je préférerais que vous partiez.

09 LE VERBE ET SES COMPLÉMENTS

1. *Verbes transitifs et intransitifs*

1.1. Les verbes sont dits ***transitifs directs*** lorsque leur complément d'objet les suit directement sans l'aide d'une préposition :

to complete something, *terminer quelque chose*

1.2. Ils sont dits ***transitifs indirects*** lorsque leur complément d'objet doit être introduit par une préposition :

to think of something, *penser à quelque chose*

1.3. Un verbe est dit ***intransitif*** lorsqu'il n'a pas de complément d'objet.

to lie, *mentir ;* **to fall,** *tomber*

1.4. Certains verbes peuvent être employés tantôt transitivement, tantôt intransitivement :

to speak, *parler*

to speak the truth, *dire la vérité*

1.5. Certains verbes intransitifs en français ont des équivalents transitifs en anglais. Citons, en autres :

approcher de quelqu'un, quelque chose :	**to approach (someone, something)**
assister à (une réunion) :	**to attend**
changer de :	**to change** (+ pluriel)
changer d'emploi :	**to change jobs**
convenir à :	**to suit**
demander à :	**to ask**
entrer dans (un lieu) :	**to enter**
obéir à :	**to obey**
pardonner à :	**to forgive**
répondre à :	**to answer**
résister à :	**to resist**
rivaliser avec :	**to rival** etc.

1.6. Certains verbes transitifs directs en français ont des équivalents transitifs indirects en anglais :

attendre quelqu'un, quelque chose :
to wait for someone, something
écouter quelqu'un, quelque chose :
to listen to someone, something
regarder quelqu'un, quelque chose :
to look at someone, something, etc.

1.7. Attention à la différence de construction entre le français et l'anglais dans des cas comme :

demander quelque chose à quelqu'un,
to ask someone for something
poser une question à quelqu'un,
to ask someone a question
payer quelque chose à quelqu'un,
to pay someone for something

1.8. Certains verbes changent de sens selon qu'ils sont construits transitivement ou intransitivement :

to attend a meeting, *assister à une réunion*
to attend to something, to someone,
s'occuper de quelque chose, de quelqu'un.

2. *Verbes à double complément direct*

• En principe le complément direct (c'est-à-dire introduit sans préposition) précède le complément indirect (introduit par préposition) :

to sell a book to someone, *vendre un livre à quelqu'un*

➡ Mais, en anglais, le complément de personne et le complément d'objet peuvent tous les deux êtres introduits sans préposition :

She gave Paul a book.
Elle a donné un livre à Paul.
I bought my son a dictionary.
J'ai acheté un dictionnaire à mon fils.

2.1. ***Verbes à double complément direct*** (suite)

Dans ce cas, le complément de personne précède le complément d'objet. C'est le cas naturel avec le pronom personnel :

I bought him a car.

Je lui ai acheté une voiture.

They sold us their car.

Ils nous ont vendu leur voiture.

(Mais on a aussi : **I bought a car for him, they sold their car to us.**)

➡ Autres exemples :

Get me one ! → Get one for me !

Trouve-m'en (Prends-m'en) un/une !

He showed me his office. → He showed his office to me.

Il m'a montré son bureau.

• Remarque : lorsqu'il y a deux pronoms, on est tenu d'utiliser une préposition pour introduire le complément.

Give me the book ! *Donnez-moi le livre !*

➡ Mais :

Give it to me. *Donnez-le-moi.*

I bought him a car.

Je lui ai acheté une voiture.

➡ Mais :

I bought it for him.

Je l'ai acheté(e) pour lui.

3. *Les pronominaux*

3.1. Traduction des pronominaux réfléchis (le sujet fait l'action sur lui-même). Selon les cas, la construction sera voisine ou différente de celle du français :

Il se regarda dans la glace.

He looked at himself in the mirror.

Vous vous êtes coupé ?

Did you cut yourself ?

➡ Mais de nombreux pronominaux réfléchis français fonctionnent différemment en anglais :

se laver, **to wash**
se raser, **to shave**
se lever, **to get up, to stand up**
s'éloigner, **to go away**
s'inquiéter, **to worry**
se demander, **to ask oneself** ou **to wonder**

Elle s'est tordu la cheville. **She (has) sprained her ankle.**
Ils se sont douchés. **They took their shower.**

3.2. Traduction des pronominaux réciproques (plusieurs personnes font l'une sur l'autre l'action indiquée) :
Ils s'injurient.
They abuse each other (one another).

3.3. Traduction des pronominaux proprements dits (la forme réfléchie n'a pas de fonction grammaticale, le verbe n'existe que sous cette forme) :
Ils s'emparèrent de la ville. **They seized the town.**

3.4. Certains verbes anglais employés avec un complément de manière, se traduisent par des pronominaux en français (à sens passif, voir p. 61) :
It reads well. *Ça se lit bien.*
These articles sell like hot cakes.
Ces articles se vendent comme des petits pains.

4. ***Les compléments circonstanciels***

Ils expriment la cause, le lieu, le temps (date, durée), etc.
• En anglais, ils sont la plupart du temps introduits par des prépositions :
That was mainly because of their ignorance.
C'était surtout à cause de leur ignorance.
It flew over the town. *Il (cela) survola la ville.*
They will stay (for) a couple of days.
Ils resteront deux ou trois jours.

10 LES VERBES À PARTICULES

• Certains verbes, pour introduire leur complément, ou préciser leur sens, ou les deux, ont besoin de petits mots grammaticaux appelés particules.

to think of something, *penser à quelque chose*

to go away, *s'éloigner*

Selon la terminologie classique, ces particules sont appelées prépositions (= placé avant) lorsque leur rôle est d'introduire un complément, postposition (= placé après) lorsqu'elles font partie intégrante du verbe, qu'elles peuvent accompagner à l'infinitif ou à l'impératif.

➡ Ainsi **at** dans **to look at somebody** (*regarder quelqu'un*) est une préposition ; **up** dans **to look up** (*lever les yeux*) est une postposition (adverbe).

2. *Les prépositions*

Ce sont de petits mots de liaison qui relient le verbe à son complément (nom ou pronom). Elles peuvent indiquer la position, le mouvement dans l'espace ou le temps ou par rapport à un repère donné, etc.

En français, *pour, sans, avec, vers, de,* etc., sont des prépositions.

2.1. Quelques prépositions anglaises parmi les plus fréquentes :

above : *au-dessus*	**into :** *dans* (avec mouvement)
after : *après*	**on :** *sur*
at : *à* (sans mouvement)	**out of :** *hors de*
because of : *à cause de*	**over :** *au-dessus*
before : *avant*	**to :** *à* (avec mouvement)
below : *au-dessous de, sous*	**under :** *au-dessous*
by : *par*	**with :** *avec*
for : *pour*	**without :** *sans*
in : *dans*	

2.2. Quelques exemples :

I met her by chance.
Je l'ai rencontrée par hasard.

He comes from Scotland.
Il vient d'Écosse.

I'll meet you at the station. *Je vous accueillerai à la gare.*

We'll be lost without him. *Nous serons perdus sans lui.*

They want to go to the pictures.
Ils veulent aller au cinéma.

2.3. **in** indique l'immobilité dans un lieu ; **to** le déplacement vers un lieu ; **into** la pénétration dans un lieu.

I live in London, He wants to go to London, He went into the room.

2.4. Notez que les prépositions peuvent être reportées à la fin d'une proposition :

Where does he come from ? *D'où vient-il ?*

Here's the man you wanted to talk to. *Voici l'homme à qui vous vouliez parler.*

Dans ce dernier cas, remarquez l'omission du pronom relatif :

Here is the man to whom you wanted to talk. ➡ Here is the man (whom/who/that) you wanted to talk to.

2.5. Certains verbes français ont un complément direct (introduit sans préposition) :

attendre quelqu'un, quelque chose
regarder quelqu'un, quelque chose
écouter quelqu'un, quelque chose

➡ alors qu'en anglais ils se construisent avec une préposition :

Wait for me ! *Attends-moi !*

I'm looking at them. *Je les regarde.*

You should listen to John. *Vous devriez écouter Jean.*

➡ Inversement, certains verbes français dont le complément est introduit par une préposition ont pour équivalent anglais des verbes à construction directe (sans préposition).

Nous approchons de la ville.	**We are approaching the town.**
J'ai assisté à son cours.	**I (have) attended his course.**
Il s'adressa à l'auditoire.	**He addressed the audience.**
Elle a obéi aux ordres.	**She obeyed the orders.**

2.7. ***Attention :*** les prépositions introduisent un complément ; donc, sans complément, pas de préposition.

Wait for me ! *Attends-moi !*

➡ Mais :

Wait ! *Attends !*

• De même :

We shall wait.	*Nous attendrons.*
Can't you listen ?	*Vous ne pouvezs pas écouter ?*
I didn't look.	*Je n'ai pas regardé.*

➡ Mais :

We shall wait for you.

Can't you listen to your brother ?

I didn't look at it.

2.8. Quand le complément est déjà exprimé, l'anglais garde la particule spécifique du verbe :

He is a difficult man to live with.
C'est un homme difficile à vivre (mot à mot : vivre avec).
A pencil is something to write with.
Un crayon sert à écrire (mot à mot : écrire avec).
Paper is something to write on.
Le papier sert à écrire (mot à mot : écrire dessus).
It is a nice house, but not so nice to live in.
C'est une belle maison, mais pas si agréable à vivre (mot à mot : vivre dedans).

2.9. Traduction du français *en* + participe présent

a) *en* = moyen → **by + -ing**
They escaped by digging a hole.
Ils se sont évadés en creusant un trou.

b) *en* = repérage par rapport à un événement
On arriving, he noticed the door was open.
En arrivant, il remarqua que la porte était ouverte.

c) *en* = localisation d'un procès dans un autre → **in + -ing**
In accepting this view he was admitting that he had been mistaken.
En acceptant cette opinion il admettait qu'il s'était trompé.

➡ On peut également employer **when** ou **as :**
They were killed as they were trying to escape.
Ils se sont fait tuer en essayant de s'échapper.

d) cause et effet : deux verbes coordonnés
He slipped on a banana skin and broke his leg.
Il s'est cassé la jambe en glissant sur une peau de banane.

e) Deux actions simultanées : le 2e verbe est traduit par un participe présent
They ran frantically shouting fire.
Ils couraient comme des fous en criant au feu.

➡ On peut aussi employer une postposition :
They ran out. *Ils sont sortis en courant.*

3. *Les postpositions*

• Beaucoup de verbes anglais peuvent voir leur sens précisé ou modifié en étant suivis par des mots appelés “postpositions”.

in	indique la pénétration, l'entrée
out	indique un mouvement de sortie, de retrait
up	indique un mouvement vers le haut
down	indique un mouvement vers le bas
off	indique le départ ou la séparation
away	indique l'éloignement
on	indique la continuation

to take off	*décoller*	**to come in**	*entrer*
to be off	*partir*	**to show in**	*faire entrer*
to run away	*s'enfuir*	**to let in**	*faire entrer*
to put on	*mettre*	**to go out**	*sortir*
to pass on	*faire passer*	**to move out**	*déménager*
to go on,	*continuer*	**to look up**	*lever les yeux*
to carry on	*poursuivre*	**to put down**	*poser*

3.1. Les postpositions forment un tout avec le verbe dont elles peuvent :

a) nuancer le sens :

to look *regarder* **to look up** *lever les yeux*

b) modifier radicalement le sens :

to go up *monter* **to go out** *sortir*

• À la différence de la préposition, la postposition subsiste à l'infinitif et à l'impératif :

to go out *sortir* **Go out !** *Sortez !*

Un même verbe associé à diverses postpositions aura des sens radicalement différents. Ainsi :

• **To get :** ce verbe qui, employé tout seul, signifie *obtenir ;* s'il est suivi d'un nom, *devenir ;* s'il est suivi d'un adjectif, se voit colorer d'une multitude de sens selon la postposition qui suit :

to get up	*se lever*
to get out	*sortir*
to get down	*descendre*
to get away	*partir, s'échapper*
to get in	*entrer*

C'est en fait ici la postposition qui donne le sens principal.

3.2. ***Remarque***
Placée en tête de la phrase, la postposition donne de la vivacité à l'expression :

Off we go ! *Et nous voilà partis !*

4. ***Pré-et postpositions***

Comparez : **Look at me !** *Regardez-moi !*
et **Look up !** *Levez les yeux !*

Dans le premier cas, la préposition **at** ne peut s'employer qu'avec un complément (**me**). Sans complément, elle disparaît : **look !** *regarde !* Par contre, la postposition **up** forme un tout avec le verbe ; elle subsiste donc à l'infinitif et à l'impératif :

to look up *lever les yeux* **look up !** *lève les yeux !*

4.1. Certaines « particules » (mots grammaticaux) peuvent être tantôt préposition tantôt postposition.

• **up**
préposition : **to go up the street** *(re)monter la rue*
postposition : **to go up** *monter, augmenter*

• **down :**
préposition : **He lives down the street** *Il habite en bas de la rue*
to walk down the street *descendre la rue en marchant*
postposition : **to walk down** *descendre en marchant*

4.2. Ce changement de fonction s'opère avec ou sans changement de sens :

– sans changement :
to go up, *monter* **to go up a slope,** *monter une pente*
– avec changement de sens :

• **in :** préposition, indique l'immobilité dans un lieu :
to work in a room *travailler dans une pièce*
postposition, indique le mouvement :
Come in ! *Entrez !*

Remarque : pour exprimer la même idée d'entrée dans un lieu spécifié, on peut utiliser la préposition **into** + complément.

Come into the room. *Entrez dans la pièce.*

• **on**
préposition, signifie *sur :*
to sit on a chair, *être assis sur une chaise*
postposition, indique la continuation : **to go on,** *continuer*

4.3. *Traduction des pré- et postpositions*

Leur sens est très fort, en particulier lorsqu'elles indiquent un mouvement. On les traduit alors par un verbe en français :

He was running down the street.
Il descendait la rue en courant.
He ran away. *Il s'enfuit en courant.*

La préposition **down** et la postposition **away** décrivant l'action principale du point de vue du sens, ont été traduites par un verbe en français (*descendre, s'enfuir*), le verbe anglais ne faisant que préciser la façon dont l'action s'opère.

➡ ***Remarque :*** ce type de construction – et de traduction – existe également avec des adjectifs qui, comme des pré- ou postpositions, indiquent le résultat d'une action :

He shouted himself hoarse. *Il s'est enroué à force de crier.*
He read himself blind. *Il est devenu aveugle à force de lire.*

4.4. Un verbe peut être suivi à la fois d'une postposition et d'une préposition introduisant un complément.

• Ainsi :

He ran away from the store. *Il s'enfuit du magasin.*

Away fonctionne avec **to run** dont il modifie le sens ; **from** introduit le complément **the store.**

• De même :

Please put me through to extension 208.
Passez-moi s'il vous plaît le poste 208.

Through, ici postposition, modifie le sens de **to put :**
to put through, établir une connexion ; **to,** préposition indiquant ici la destination, introduit le complément **extension.**

4.5. Place du complément des verbes à particule

a) Avec une préposition, le complément est nécessairement placé après la préposition :

I'm waiting for my sister. *J'attends ma sœur.*
I'm waiting for her. *Je l'attends.*

b) Avec un adverbe-postposition

Si le complément est un nom, il peut se placer avant ou après l'adverbe :

Turn the light on /Turn on the light. *Allume la lumière.*

Si le complément est un pronom, il se place obligatoirement avant l'adverbe :

Turn it on ! *Allume-la !*

CONJUGAISON D'UN VERBE RÉGULIER ET D'UN VERBE IRRÉGULIER

to invite *inviter*, prét. **invited,** pp. **invited**), verbe régulier, **to take,** *prendre* (prét. **took,** pp. **taken**), verbe irrégulier.

ACTIF	PASSIF
Présent	***Présent***
forme affirmative I invite / take he / she / it invites / takes we / you / they invite / take	**forme affirmative** I am invited / taken he / she / it is invited / taken we / you / they are invited / taken
forme interrogative do I invite / take ? does he / she / it invite / take ? do we / you / they invite / take	**forme interrogative** am I invited / taken ? is he / she / it invited / taken ? are we / you / they invited / taken ?
forme négative I do not invite / take he / she / it does not invite / take we / you / they do not invite / take	**forme négative** I am not invited / taken he / she / it is not invited / taken we / you / they are not invited / taken
forme interro-négative do I not invite / take does he / she / it not invite / take do we / you / they not invite / take	**forme interro-négative** am I not invited / taken ? is he / she / it not invited / taken ? are we / you / they not invited / taken ?
Prétérit	***Prétérit***
forme affirmative I invited / took he / she / it invited / took we / you / they invited / took	**forme affirmative** I was invited / taken he / she / it was invited / taken we / you / they were invited / taken
forme interrogative did I invite / take ? did he / she / it invite / take ? did we / you / they invite / take ?	**forme interrogative** was I invited / taken ? was he / she / it invited / taken ? were we / you / they invited / taken ?
forme négative I did not invite / take he / she / it did not invite / take we / you / they did not invite / take	**forme négative** I was not invited / taken he / she / it was not invited / taken we / you / they were not invited / taken
forme interro-négative did I not invite / take ? did he / she / it not invite / take ? did we / you / they not invite / take ?	**forme interro-négative** was I not invited / taken was he / she / it not invited / taken were we / you / they not invited / taken

CONJUGAISON D'UN VERBE RÉGULIER ET D'UN VERBE IRRÉGULIER

ACTIF	PASSIF
Present perfect	***Present perfect***
forme affirmative I have, invited / taken he / she / it has invited / taken we / you / they have invited / taken	**forme affirmative** I have been invited / taken he / she / it has been invited / taken we / you / they have been invited / taken
forme interrogative have I invited / taken ? has he / she / it invited / taken ? have we / you / they invited / taken ?	**forme interrogative** have I been / invited / taken ? has he / she / it been invited / taken ? have we / you / they been invited / taken ?
forme négative I have not invited / taken he / she / it has not invited / taken we / you / they have not invited / taken	**forme négative** I have not been invited / taken he / she / it has not been invited / taken we / you / they have not been invited / taken
forme interro-négative have I not invited / taken ? has he / she / it not invited / taken ? have we / you / they not invited / taken ?	**forme interro-négative** have I not been invited / taken ? has he / she / it not been invited / taken ? have we / you / they not been invited / taken ?
Pluperfect *(Plus-que-parfait)*	***Pluperfect*** *(Plus-que-parfait)*
forme affirmative I had invited / taken he / she / it had invited / taken we / you / they had invited / taken	**forme affirmative** I had been invited / taken he / she / it had been invited / taken we / you / they had been invited / taken
forme interrogative had I invited / taken ? had he / she / it invited / taken ? had we / you / they invited / taken ?	**forme interrogative** had I been invited / taken had he / she / it been invited / taken had we / you / they been invited / taken
forme négative I had not invited / taken he / she / it had not invited / taken we / you / they had not invited / taken	**forme négative** I had not been invited / taken he / she / it had not been invited / taken we / you / they had not been invited / taken
forme interro-négative had I not invited / taken ? had he / she / it not invited / taken ? had we / you / they not invited / taken ?	**forme interro-négative** had I not been invited / taken ? had he / she / it not been invited / taken ? had we / you / they not been invited / taken ?

ACTIF	PASSIF
Futur simple	***Futur simple***
forme affirmative I / we shall invite / take he / she / it will invite / take you / they will invite / take	**forme affirmative** I / we shall be invited / take he / she / it will be invited / taken you / they will be invited / taken
forme interrogative shall I / we invite / take ? will he / she / invite / take ? will you / they invite / take ?	**forme interrogative** shall I / we be invited / taken ? will he / she / it be invited / taken ? will you / they be invited / taken ?
forme négative I / we shall not invite / take he / she / it will not invite / take you / they will not invite / take	**forme négative** I / we shall not be invited / taken he / she / it will not be invited / taken you / they will not be invited / taken
forme interro-négative shall I / we not invite / take will he / she / it not invite / take will you / they not invite / take	**forme interro-négative** shall I / we not be invited / taken ? will he / she / it not be invited / taken ? will you / they not be invited / taken
Futur antérieur	***Futur antérieur***
forme affirmative I / we shall have invited / taken he / she / it will have invited / taken you / they will have invited / taken	**forme affirmative** I / we shall have been invited / taken he / she / it will have been invited / taken you / they will have been invited / taken
forme interrogative shall I / we have invited / taken ? will he / she / it have invited / taken ? will you / they have invited / taken ?	**forme interrogative** shall I / we have been invited / taken ? will he / she / it have been invited / taken ? will you / they have been invited / taken ?
forme négative I / we shall not have invited / taken he / she / it will not have invited / taken you / they will not have invited / taken	**forme négative** I / we shall not have been invited / taken he / she / it will not have been invited / taken you / they will not have been invited / taken
forme interro-négative shall I / we not have invited / taken will he / she / it not have invited / taken will you / they not have invited / taken	**forme interro-négative** shall I / we not have been invited / taken will he / she / it not have been invited / taken will you / they not have been invited / taken

CONJUGAISON D'UN VERBE RÉGULIER ET D'UN VERBE IRRÉGULIER

ACTIF	PASSIF
Conditionnel présent	***Conditionnel présent***
forme affirmative I / we should invite / take he / she / it would invite / take you / they would invite / take	**forme affirmative** I / we should be invited / taken he / she / it would be invited / taken you / they would be invited / taken
forme interrogative should I / we invite / take ? would he / she / it invite / take ? would you / they invite / take ?	**forme interrogative** should I / we be invited / taken would he / she / it be invited / taken would you / they be invited / taken
forme négative I / we should not invite / take he / she / it would not invite / take you / they would not invite / take	**forme négative** I / we should not be invited / taken he / she / it would not be invited / taken you / they would not be invited / taken
forme interro-négative should I / we not invite / take ? would he / she / it not invite / take ? would you / they not invite / take ?	**forme interro-négative** should I / we not be invited / taken would he / she / it not be invited / taken would you / they not be invited / taken
Conditionnel passé	***Conditionnel passé***
forme affirmative	**forme affirmative**
I / we should have invited / taken he / she / it would have invited / taken you / they would have invited / taken	I / we should have been invited / taken he / she / it would have been invited / taken you / they would have been invited / taken
forme interrogative should I / we have invited / taken ? would he / she / it have invited / taken ? taken ? would you / they have invited / taken ?	**forme interrogative** should I / we have been invited / taken ? would he / she / it have been invited / would you / they have been invited / taken ?
forme négative I / we should not have invited / taken he / she / it would not have invited / taken you / they would not have invited / taken	**forme négative** I / we should not have been invited / taken he / she / it would not have been invited / taken you / they would not have been invited / taken
forme interro-négative should I / we not have invited / taken would he / she / it not have invited / taken would you / they not have invited / taken taken	**forme interro-négative** should I / we not have been invited / taken would he / she / it not have been invited / taken would you / they not have been invited /

PRONONCIATION

MOTS	Transcription simplifiée	Valeurs des sons	lettres symboles simplifiées	Transcription et symboles A.P.I.	
		Sons brefs			
city	(siti)	son *i* de *mini*, en plus bref	i	ɪ	'sɪtɪ
family	(family)	son *a* de *patte*	a	æ	'fæmɪlɪ
coffee	(kofi)	son *o* de *note*, plus bref	o	ɒ	'kɒfɪ
book	(bouk)	son *ou* de *pou*, plus bref	ou	ʊ	bʊk
bread	(brèd)	son *è* de *fève*	è	ɜ	bred
cup	(kœp)	son entre *a* et *eu* de *neuf*	œ	ʌ	kʌp
a	(e)	son *e* de *le*	e	ə	ə'tɜnd
		Sons allongés			
week	(wi:k)	son *i* de *mie*, plus long	i :	ɪ	wɪ:k
fast	(fa:st)	son *â* de *âme*, plus long	a :	a	fa:st
caught	(ko:t)	son *o* de *gorge*, plus long	o :	ɔ	kɔ:t
moon	(mou:n)	son *ou* de *moue*, plus long	ou :	ʊ	mʊ:n
work	(we:k)	son *eu* de *peur*, plus long	e :	ɜ	wɜ:k
		Sons doubles (appelés **diphtongues**)			
dry	(draï)	comme dans *aïe !*	aï	aɪ	draɪ
wait	(wéït)	comme dans *oseille*	eï	eɪ	weɪt
boy	(boï)	comme dans *oyez !*	oï	ɔɪ	bɔɪ
town	(taoun)	comme dans *caoutchouc*	aou	əʊ	taʊn
go	(gôou)	*ô* glissant sur *ou*	ôou	əʊ	gəʊ
near	(ni-e^{r})	*i* glissant sur *e*	*i-e*	ɪə	nɪə
poor	(poue^{r})	*ou* glissant sur *e*	oue	ʊə	pʊə
pair	(pèe^{r})	*è* glissant sur *e*	èe	ɛə	pɛə
		Consonnes			
that	(żat)	*z*, zézaiyé	ż	ð	ðæt
thought	(ṡo:t)	*s*, langue entre les dents	ṡ	θ	θɔ:t
dining	(daïniṅ)	comme dans *din,ding*	ṅ	ŋ	'daɪnɪŋ
measure	(mèje^{r})	avec le j de jeu	j	ʒ	'meʒə
job	(djob)	les **j** se prononcent *dj* (comme dans *Djamel*)	dj	dʒ	dʒɔb
ship	(chip)	les **sh** se prononcent *ch*, comme dans *chat*	ch	ʃ	ʃɪp
cheque	(tchèk)	les **ch** se prononcent tch, comme dans *tchèque*	tch	tʃ	tʃek
help	(hèlp)	le **h**, dit « aspiré », est en fait « expiré »	h	h	help

• Dans le système de l'*A.P.I.* (*Association phonétique internationale*), la syllabe accentuée est précédée d'une apostrophe : ex ; **family** ('fæmili) ; **apply** (ə'plai).
• Dans le système simplifié, la syllabe accentuée comporte une ou plusieurs lettre en gras : ex. **family** (**fa**mily) ; **apply** (ep**laï**).

INDEX

INDEX

INDEX

Composé par DÉCLINAISONS et Atelier JOMI

Impression réalisée sur Presse Offset par

BRODARD & TAUPIN

GROUPE CPI

35221 – La Flèche (Sarthe), le 16-05-2006
Dépôt légal : juin 2006

POCKET – 12, avenue d'Italie - 75627 Paris cedex 13

Imprimé en France